● 本书为北京市财政项目"PXM2012_014202_000196北京城市学院经济管理

纳税申报实务

裴淑红 李　军 杨金玉◎编著

中国市场出版社
China Market Press

图书在版编目（CIP）数据

纳税申报实务/裴淑红，李军，杨金玉编著. —北京：中国市场出版社，2013.6
ISBN 978 - 7 - 5092 - 1078 - 9

Ⅰ. ①纳… Ⅱ. ①裴…②李…③杨… Ⅲ. ①纳税-税收管理-基本知识-中国 Ⅳ. ①F812.423

中国版本图书馆 CIP 数据核字（2013）第 116718 号

书　　名：纳税申报实务
作　　者：裴淑红　李　军　杨金玉　编著
责任编辑：胡超平
出版发行：中国市场出版社
地　　址：北京市西城区月坛北小街 2 号院 3 号楼（100837）
电　　话：编辑部（010）68037344　读者服务部（010）68022950
　　　　　发行部（010）68021338　68020340　68053489
　　　　　　　　68024335　68033577　68033539
经　　销：新华书店
印　　刷：河北省高碑店市鑫宏源印刷包装有限公司
规　　格：787×1092 毫米　1/16　10.5 印张　260 千字
版　　本：2013 年 6 月第 1 版
印　　次：2013 年 6 月第 1 次印刷
书　　号：ISBN 978 - 7 - 5092 - 1078 - 9
定　　价：29.80 元

前　言

2006 年，我们出版了《纳税申报操作实务》。2010 年，为配合 2008 年起开始实施的企业所得税法以及 2009 年起开始实施的增值税、消费税、营业税等暂行条例，我们对 2006 版的《纳税申报实务操作》进行了修订并更名为《纳税申报实务》。《纳税申报实务》因其实务性强、案例讲解清晰等特点受到了广大使用者的关注和喜爱，同时我们也收到了许多宝贵的建议。为了更好地满足使用者的需求，我们对《纳税申报实务》进行了再次修订。修订过程中，我们首先对近年的财税新规进行了深入学习，并对纳税申报实务作了进一步的了解。在此基础上，我们对《纳税申报实务》的内容作了全面梳理，对于实务中应用较少的内容作了精简裁并，力求简洁；对于教学案例和模拟实训的内容作了更新和补充，力求更加贴近实务。

一、本教材与《税法》、《税务会计》教材为配套教材

在内容的安排上，本教材与《税法》、《税务会计》教材为配套教材，三本教材分工明确，各司其职。《税法》教材重点解决税法理论与各主要税种应纳税款的计算方法问题，是《税务会计》、《纳税申报实务》教材的税法理论基础；《税务会计》教材是运用会计的基本理论和方法，结合税法规定按照税种解决企业各种涉税经济业务的会计处理问题，是《税法》教材的会计实务延伸；《纳税申报实务》教材则重点解决税款按期计算及纳税申报表的填列问题，是《税法》教材的纳税实务延伸。因此，将这三本教材结合使用，有助于使用者更加准确、系统地掌握企业税款计算、涉税会计处理及纳税申报的理论与实务知识。

二、本教材主要特点

1. 体例新颖独特

本教材打破了传统税法以各税种理论知识讲解和各税种应纳税额计算为主要内容的体例结构，建立了由纳税申报基础知识、实例操作和模拟实训三部分构成的能够指导学生掌握纳税申报基本方法和基本技能的体例结构，体例新颖独特。

第一部分纳税申报实务概述，重点讲解税法构成要素，税款征收权、纳税申报管理、税款征收以及税务检查等纳税实务基础知识；第二部分纳税申报实例操作，以案例形式重点讲授各税种纳税申报表的计算填列方法；第三部分实训指导，提供了 16 个可供使用者选用的模拟实训素材及其实训指导。

2. 案例典型、实用，再现纳税申报实务范本

为贴近实际，我们收集、整理了大量税务会计信息资料和纳税申报表，通过实例讲授了 14 个主要税种的纳税申报实务案例，涵盖了纳税主体按月、按次申报纳税、年终汇算清缴企业所得税和年度收入超过 12 万元的自行汇总纳税申报等内容，主要包括增值税、消费税、营业税、城市维护建设税、关税、资源税、土地增值税、城镇土地使用税、房产税、车船税、印花税、契税、企业所得税和个人所得税的纳税申报，案例典型、实用，讲析

清楚详实，真实再现了纳税申报实务范本，有助于提高使用者的纳税意识和纳税水平，也为企业税务及会计人员解决了许多纳税实务中的疑难问题，具有一定的示范作用和推广价值。

3. 模拟实训使税法理论与实际工作有机衔接

《纳税申报实务》是高等教育会计学专业的专业实训课程。我们根据《纳税申报实务》实训教学大纲编写了实训指导，包括实训的性质和目的、实训的任务和内容、实训的步骤和要求、与实训有关的专业知识、思考题、参考资料、考核方式、实训所需耗材等内容，同时，我们仿真设计了增值税一般纳税人增值税纳税申报、居民纳税人企业所得税年度纳税申报、居民纳税人个人所得税自行纳税申报、居民纳税人个人所得税代扣代缴纳税申报等16个模拟实训资料，为使用者系统训练提供了大量素材，使纳税申报实训课程得以顺利进行，从而实现税法理论与实际工作的有机衔接。

三、模拟实训参考进度

为了方便教学，本教材根据《纳税申报实务》实训教学大纲，以24学时为例，也可根据学校实际情况酌情增减，建议模拟实训参考进度如下：①实训一，约5学时；②实训二，约1学时；③实训三，约1学时；④实训四，约1学时；⑤实训五，约1学时；⑥实训六，约1学时；⑦实训七，约0.5学时；⑧实训八，约1学时；⑨实训九，约0.2学时；⑩实训十，约0.3学时；⑪实训十一，约0.3学时；⑫实训十二，约0.5学时；⑬实训十三，约0.2学时；⑭实训十四，约8学时；⑮实训十五，约2学时；⑯实训十六，约1学时。

需要说明的是，为贴近实际，本教材在模拟纳税人申报纳税时虚构了纳税人识别号、身份证号码、计算机代码、银行账号等纳税人信息，如与相关信息雷同，纯属巧合，敬请谅解。

本教材体例新颖、结构严谨、内容实用、案例典型，可作为普通高校、职业教育、成人教育等各类本专科纳税实训教材，也可作为企业税务及会计人员有益的工作参考书，也可作为财经系统职工培训和自学用书。

本教材由裴淑红、李军、杨金玉共同编著完成。

在本教材收集、编辑、整理资料过程中，刘雪梅、姚燕、崔玉芹、唐雅男、周文博、牛卉、钱玥曾给予大力支持和帮助，在此深表感谢。

在本教材编写过程中，参考了注册会计师全国统一考试辅导教材《税法》的部分内容，并借鉴、吸收了国内外税法理论研究、实务操作和教学的优秀成果，在此谨向相关作者深表感谢。

我们细心著书，但疏漏之处在所难免，诚望广大读者及学界同仁批评指正。

作者

2013 年 6 月于北京

关于配套练习册

感谢您使用我社出版的教材。本书配备有纳税申报实训配套练习册，订购本教材的读者请与我社联系。敬请提供教师姓名、所在学校、联系电话等信息。

联系人：胡超平

电话：010-68037344

E-mail：huchaoping1966@sina.com

目 录

CONTENTS

1
CHAPTER

第一章
纳税申报概述

税法与税收制度密不可分，税法是税收制度的法律表现形式，税收制度则是税法所确定的具体内容。税收是政府为了满足社会公共需要，凭借政治权力，强制、无偿地取得财政收入的一种形式。纳税申报是实现税款征缴入库的关键环节。

第一节　税法构成要素

税法的构成要素是指各种单行税法具有的共同的基本要素的总称。税法的构成要素一般包括纳税义务人、征税对象、税目、税率、纳税环节、纳税期限、纳税地点、减税免税、罚则等项目。

一、纳税义务人

纳税义务人（以下简称纳税人）又叫纳税主体，是税法规定的直接负有纳税义务的单位和个人。

（一）自然人和法人

纳税人有两种基本形式：自然人和法人。自然人和法人是两个相对称的法律概念。自然人是基于自然规律而出生的，有民事权利和义务的主体，包括本国公民，也包括外国人和无国籍人。法人是自然人的对称，根据《民法通则》第36条规定，法人是基于法律规定享有权利能力和行为能力，具有独立的财产和经费，依法独立承担民事责任的社会组织。我国的法人主要有四种：机关法人、事业法人、企业法人和社团法人。

税法中规定的纳税人有自然人和法人两种最基本的形式，按照不同的目的和标准，还可以对自然人和法人进行多种详细的分类，这些分类对国家制定区别对待的税收政策，发挥税收的经济调节作用，具有重要的意义。如自然人可划分为居民纳税人和非居民纳税人，个体经营者和其他个人等；法人可划分为居民企业和非居民企业，还可按企业的不同所有制性质来进行分类等。

（二）扣缴义务人

与纳税人紧密联系的两个概念是代扣代缴义务人和代收代缴义务人。代扣代缴义务人是指虽不承担纳税义务，但依照有关规定，在向纳税人支付收入、结算货款、收取费用时有义务代扣代缴其应纳税款的单位和个人，如出版社代扣代缴作者稿酬所得的个人所得税等。如果代扣代缴义务人按规定履行了代扣代缴义务，税务机关将支付一定的手续费。反之，未按规定代扣代缴税款，造成应纳税款流失或将已扣缴的税款私自截留挪用，不按时缴入国库，一经税务机关发现，将要承担相应的法律责任。代收代缴义务人是指虽不承担纳税义务，但依照有关规定，在向纳税人收取商品或劳务收入时，有义务代收代缴其应纳税款的单位和个人。如消费税条例规定，委托加工的应税消费品，由受托方在向委托方交货时代收代缴委托方应该缴纳的消费税。

二、征税对象

征税对象又叫课税对象、征税客体，指税法规定对什么征税，是征纳税双方权利义务共同指向的客体或标的物，是区别一种税与另一种税的重要标志。如消费税的征税对象是消费税条例所列举的应税消费品，房产税的征税对象是房屋等。征税对象是税法最基本的要素，因为它体现着征税的最基本界限，决定着某一种税的基本征税范围，同时，征税对象也决定了各个不同税种的名称。如消费税、土地增值税、个人所得税等，这些税种因征税对象不同，性质不同，税名也就不同。征税对象按其性质的不同，通常可划分为流转额、所得额、财产、资源、特定行为等五大类，通常也因此将税收分为相应的五大类即流转税、所得税、财产税、资源税和特定行为税。

三、税目

税目是在税法中对征税对象分类规定的具体的征税项目，反映具体的征税范围，是对课税对象质的界定。设置税目的目的首先是明确具体的征税范围，凡列入税目的即为应税项目，未列入税目的，则不属于应税项目。其次，划分税目也是贯彻国家税收调节政策的需要，国家可根据不同项目的利润水平以及国家经济政策等为依据制定高低不同的税率，以体现不同的税收政策。并非所有税种都需规定税目，有些税种不分课税对象的具体项目，一律按照课税对象的应税数额采用同一税率计征税款，因此一般无须设置税目，如企业所得税。有些税种具体课税对象比较复杂，需要规定税目，如消费税、营业税等，一般都规定有不同的税目。

例如，消费税法将应纳消费税的 14 类商品划分为 14 个税目，许多税目还要划分成不同子目，以确定商品具体适用的消费税税率，其中烟为消费税的一个税目，该税目又划分为卷烟、雪茄烟、烟丝 3 个子目，分别适用不同的消费税税率。

四、税率

税率是对征税对象的征收比例或征收额度。税率是计算税额的尺度，也是衡量税负轻重与否的重要标志。我国现行的税率主要有比例税率、定额税率、超额累进税率和超率累进税率四种。

（一）比例税率

比例税率是指对同一征税对象，不分数额大小，规定相同的征收比例。我国的增值税、营业税、城市维护建设税、企业所得税等采用的是比例税率。比例税率在适用中又可分为三种具体形式。

1. 单一比例税率

单一比例税率是指对同一征税对象的所有纳税人都适用同一比例税率。例如，消费税中雪茄烟的税率为 36%，烟丝的税率为 30%，汽车轮胎的税率为 3%。

2. 差别比例税率

差别比例税率是指对同一征税对象的不同纳税人适用不同的比例征税。我国现行税法又分别按产品、行业和地区的不同将差别比例税率划分为以下三种类型：一是产品差别比例税率，即对不同产品分别适用不同的比例税率，同一产品采用同一比例税率，如消费税、关税等；二是行业差别比例税率，即对不同行业分别适用不同的比例税率，同一行业采用同一比例税率，如营业税等；三是地区差别比例税率，即区分不同的地区分别适用不同的比例税率，同一地区采用同一比例税率，如城市维护建设税等。

3. 幅度比例税率

幅度比例税率是指对同一征税对象，税法只规定最低税率和最高税率，各地区在该幅度内确定具体的适用税率。例如，营业税中娱乐业的税率为 5%～20%，该税率的最高税率为 20%，最低税率为 5%，各地区可以根据实际情况确定一个适当的税率，如 10%。

（二）定额税率

定额税率又叫单位税额，是指按征税对象确定的计算单位，直接规定一个固定的税额。定额税率适用于从量定额计征的税种，按定额税率征税，税额的多少只与征税对象的数量有关，而与价格无关。目前我国采用定额税率的有消费税、资源税、城镇土地使用税等。征税对象的计量单位可以是重量、体积、面积等单位。例如，消费税中的黄酒、啤酒的计量单位是"吨"，消费税中的成品油的计量单位是"升"，城镇土地使用税的计量单位是"平方米"。

（三）超额累进税率

超额累进税率指把征税对象按数额的大小分成若干等级，每一等级规定一个税率，税率依次提高，但每一纳税人的征税对象则依所属等级同时适用几个税率分别计算，将计算结果相加后得出应纳税款。目前我国采用超额累进税率的税种有个人所得税。

（四）超率累进税率

超率累进税率指以征税对象数额的相对率划分若干级距，分别规定相应的差别税率，相对率每超过一个级距的，对超过的部分就按高一级的税率计算征税，将计算结果相加后得出应纳税款。目前我国采用超率累进税率的税种有土地增值税。

五、纳税环节

纳税环节主要指税法规定的征税对象在从生产到消费的流转过程中应当缴纳税款的环节。如流转税在生产和流通环节纳税、所得税在分配环节纳税等。按照某种税征税环节的多少，可以将税种划分为一次课征制或多次课征制。如消费税对应税消费品的生产、委托加工、进口或者零售的某一个环节征收消费税，以后不再征收消费税；而增值税对商品流通的各个环节征税。

六、纳税期限

纳税期限是指税法规定的关于税款缴纳时间方面的限定。税法关于纳税期限的规定有三个概念。

（一）纳税义务发生时间

纳税义务发生时间是指应税行为发生的时间。如增值税条例规定，采取预收货款方式销售货物的，其纳税义务发生时间为货物发出的当天。

（二）纳税期限

纳税人每次发生纳税义务后，不可能马上去缴纳税款。税法规定了每种税的纳税期限，即每隔固定时间汇总一次纳税义务的时间。如增值税条例规定，增值税的具体纳税期限分别为 1 日、3 日、5 日、10 日、15 日、1 个月或者 1 个季度。纳税人的具体纳税期限，由主管税务机关根据纳税人应纳税额的大小分别核定；不能按照固定期限纳税的，可以按次纳税。

（三）缴库期限

缴库期限，即税法规定的纳税期满后，纳税人将应纳税款缴入国库的期限。如增值税条例规定，纳税人以 1 个月或者 1 个季度为 1 纳税期限的，自期满之日起 15 日内申报纳税；以 1 日、3 日、5 日、10 日或 15 日为 1 纳税期限的，自期满之日起 5 日内预缴税款，于次月 1 日起 15 日内申报纳税并结清上月应纳税款。

缴库期限内如遇元旦、春节、五一劳动节、国庆节等法定节假日的，缴库期限向后顺延法定放假天数。纳税人、扣缴义务人缴库期限的最后一日如遇周末、法定节假日的，可以顺延，以周末、法定节假日的次日为缴库期限的最后一日。

七、纳税地点

纳税地点主要是指根据各个税种征税对象的纳税环节和有利于对税款的源泉控制而规定的纳税人（包括代征、代扣、代缴义务人）的具体纳税地点。

八、减税免税

减税免税主要是指对某些纳税人和征税对象采取减少征税或者免予征税的特殊规定。减税免税有税基式减免、税率式减免和税额式减免三种基本形式。

九、罚则

罚则主要是指对纳税人违反税法的行为采取的处罚措施。例如，对纳税人偷税的，由税务机关追缴其不缴或者少缴的税款、滞纳金，并处以罚款，构成犯罪的依法追究刑事责任。

第二节　我国现行税法体系

一、我国现行税法体系

从法律角度讲，一个国家在一定时期内、一定体制下以法定形式规定的各种税收法律、法规的总和即为税法体系。但从税收工作角度讲，税法体系往往被称为税收制度。即，一个国家的税收制度是指在既定的管理体制下设置的税种以及与这些税种的征收、管理有关的，具有法律效力的各级成文法律、行政法规、部门规章等的总和。换句话说，税法体系就是通常所说的税收制度（简称税制）。

我国现行税法体系由税收实体法和税收征收管理的程序法共同构成。

（一）税收实体法体系

我国的现行税制就其实体法而言，是 1949 年新中国成立后经过几次较大的改革逐步演变而来的，按其性质和作用大致分为五类：

1. *流转税类*

流转税类包括增值税、消费税、营业税和关税。主要在生产、流通或者服务业中发挥调节作用。

2. 资源税类

资源税类包括资源税、土地增值税和城镇土地使用税。主要是对因开发和利用自然资源差异而形成的级差收入发挥调节作用。

3. 所得税类

所得税类包括企业所得税、个人所得税。主要是在国民收入形成后，对生产经营者的利润和个人的纯收入发挥调节作用。

4. 特定目的税类

特定目的税类包括城市维护建设税、车辆购置税、耕地占用税和烟叶税，主要是为了达到特定目的，对特定对象和特定行为发挥调节作用。

5. 财产和行为税类

财产和行为税类包括房产税、车船税、印花税、契税，主要是对某些财产和行为发挥调节作用。

上述 17 个税种中的关税由海关负责征收管理，其他税种由税务机关负责征收管理。耕地占用税和契税，1996 年以前由财政机关的农税部门征收管理，1996 年财政部农税管理机构划归国家税务总局领导，部分省市机构相应划转，这些税种改由税务部门负责征收，但部分省市仍由财政机关负责征收。

现行税种中，除企业所得税、个人所得税是以国家法律的形式发布实施外，其他各税种都是经全国人民代表大会授权立法，由国务院以暂行条例的形式发布实施的。这些法律、法规共同组成了我国的税收实体法体系。

（二）税收程序法体系

除税收实体法外，我国对税收征收管理适用的法律制度，是按照征收管理机关的不同而分别规定的：

（1）由税务机关负责征收的税种的征收管理，按照全国人大常委会发布实施的《中华人民共和国税收征收管理法》（以下简称《征管法》）执行。

（2）由海关机关负责征收的税种的征收管理，按照《中华人民共和国海关法》及《中华人民共和国进出口关税条例》等有关规定执行。

需要说明的是，对于我国现行税制中的 17 个税种，本教材介绍了其中的 14 个，而另外 3 个税种没有介绍，主要考虑这些税种有的在经济生活中影响较小，有的是一次性征收，业务比较简单。这 3 个税种是：烟叶税，以在中华人民共和国境内收购烟叶的单位为纳税人；车辆购置税，在纳税人向公安机关等车辆管理机构办理车辆登记注册手续前缴纳；耕地占用税，在纳税人获准占用耕地的环节一次性征收。

以上对于税种的分类不具有法定性，但将各具体税种按一定方法分类，在税收理论研究和税制建设方面用途相当广泛，作用非常之大。例如，流转税也称间接税是由于这些税种都是按照商品和劳务收入计算征收的，而这些税种虽然是由纳税人负责缴纳，但最终是由商品和劳务的购买者即消费者负担的，所以称为间接税；而所得税类税种的纳税人本身就是负税人，一般不存在税负转移或转嫁问题，所以称为直接税。

一般来说，以间接税为主体的税制结构的主要税种，包括增值税、营业税和消费税。

以直接税为主体的税制结构的主要税种，包括个人所得税和企业（法人）所得税。以个人所得税为主体税种的，多见于经济发达国家，而把企业（法人）所得税作为主体税种的国家很少。以某种直接税和间接税税种为"双主体"的税制，是作为一种过渡性税制类型存在的。我国目前税制基本上是间接税和直接税双主体税制结构，间接税（增值税、消费税、营业税）占税收总收入的60%左右，直接税（企业所得税、个人所得税）占税收总收入的25%左右，其他辅助税种数量较多，但收入比重不大。

二、纳税人所纳税费举例

纳税人包括国有企业、集体企业、私营企业、股份制企业、外商投资企业和外国企业、其他企业和行政单位、事业单位、军事单位、社会团体、其他单位及个人。纳税人分属不同的行业，从事不同的生产经营活动，即使同一个纳税人在不同情况下也要缴纳不同的税，因此很多纳税人对什么情况下缴纳什么税并不清楚。由于篇幅有限，本教材按类对纳税人所纳税费举例说明如下。

（1）生产卷烟等应税消费品的企业应当缴纳的税费主要有：增值税、消费税、城市维护建设税、教育费附加、城镇土地使用税、房产税、车船税、印花税、契税、关税、企业所得税、代扣代缴个人所得税等。

（2）生产电器等非应税消费品的企业应当缴纳的税费主要有：增值税、城市维护建设税、教育费附加、城镇土地使用税、房产税、车船税、印花税、契税、关税、企业所得税、代扣代缴个人所得税等。

（3）从事煤矿等资源开采的企业应当缴纳的税费主要有：资源税、增值税、城市维护建设税、教育费附加、城镇土地使用税、房产税、车船税、印花税、契税、企业所得税、代扣代缴个人所得税等。

（4）从事房地产开发的企业应当缴纳的税费主要有：耕地占用税、营业税、城市维护建设税、教育费附加、印花税、土地增值税、城镇土地使用税、房产税、车船税、企业所得税、代扣代缴个人所得税等。

（5）从事交通运输、建筑、金融保险、邮电通信、文化体育、娱乐、服务等的企业应当缴纳的税费主要有：营业税、城市维护建设税、教育费附加、印花税、城镇土地使用税、房产税、车船税、企业所得税、代扣代缴个人所得税等。

（6）从事商品销售的企业应当缴纳的税费主要有：增值税、城市维护建设税、教育费附加、印花税、车船税、企业所得税、代扣代缴个人所得税等。

（7）国家机关、军事单位、社会团体等单位就经营行为应当缴纳的税费主要有：增值税、营业税、城市维护建设税、教育费附加、印花税、城镇土地使用税、房产税、车船税、企业所得税、代扣代缴个人所得税等。

增值税和营业税是并列的两大流转税种，对同一项经营业务不能既征增值税又征营业税，但事实上经常存在混合销售行为、增值税兼营非增值税应税劳务、营业税兼营货物或非营业税应税劳务等复杂情况。根据税法规定，对于混合销售行为，以缴纳增值税为主的企业及企业性单位，一并缴纳增值税；以缴纳营业税为主的企业及企业性单位，一并缴纳营业税。纳税人销售自产货物并同时提供建筑业劳务的混合销售行为，应当分别核算货物的销售额和非增值税应税劳务的营业额，并根据其销售货物的销售额计算缴纳增值税，非增值税应税劳务的营业额不缴纳增值税；未分别核算的，由主管税务机关核定其货物的销售额。对于增值税兼营非增值税应税劳务、营业税兼营货物或非营业税应税劳务，应当分别核算缴纳增值税和营业税，未分别核算的，由主管税务机关核定货物及增值税应税劳务的销售额或者营业税应税劳务的营业额。

第三节　税款征收权

一、税收执法管理权限的划分

根据《国务院关于实行财政分税制有关问题的通知》等有关法律、法规的规定，我国现行税制下税收执法管理权限的划分大致如下：

（1）首先根据国务院关于实行分税制财政管理体制的决定，按税种划分中央和地方的收入。将维护国家权益、实施宏观调控所必需的税种划为中央税；将同国民经济发展直接相关的主要税种划为中央与地方共享税；将适合地方征管的税种划为地方税，并充实地方税税种，增加地方税收收入。同时根据按收入归属划分税收管理权限的原则，对中央税，其税收管理权由国务院及其税务主管部门（财政部和国家税务总局）掌握，由中央税务机构负责征收；对地方税，其管理权由地方人民政府及其税务主管部门掌握，由地方税务机构负责征收；对中央与地方共享税，原则上由中央税务机构负责征收，共享税中地方分享的部分，由中央税务机构直接划入地方金库。在实践中，由于税收制度在不断地完善，因此，税收的征收管理权限也在不断地完善之中。

（2）地方自行立法的地区性税种，其管理权由省级人民政府及其税务主管部门掌握。

（3）属于地方税收管理权限，在省级及其以下的地区如何划分，由省级人民代表大会或省级人民政府决定。

（4）除少数民族自治地区和经济特区外，各地均不得擅自停征全国性的地方税种。

（5）经全国人大及其常委会和国务院的批准，民族自治地方可以拥有某些特殊的税收管理权，如全国性地方税种某些税目税率的调整权以及一般地方税收管理权以外的其他一些管理权等。

（6）经全国人大及其常委会和国务院的批准，经济特区也可以在享有一般地方税收管理权之外，拥有一些特殊的税收管理权。

（7）上述地方（包括少数民族自治区和经济特区）的税收管理权的行使，必须以不影响国家宏观调控和中央财政收入为前提。

（8）涉外税收必须执行国家的统一税法，涉外税收政策的调整权集中在全国人大常委会和国务院，各地一律不得自行制定涉外税收的优惠措施。

（9）根据国务院的有关规定，为了更好地体现公平税负、促进竞争的原则，保护社会主义统一市场的正常发育，在税法规定之外，一律不得减税免税，也不得采取先征后返的形式变相减免税。

二、税务机构设置

根据我国经济和社会发展及实行分税制财政管理体制的需要，现行税务机构设置是中央政府设立国家税务总局（正部级），省及省以下税务机构分为国家税务局和地方税务局两个系统。国家税务总局对国家税务局系统实行机构、编制、干部、经费的垂直管理，协同省级人民政府对省级地方税务局实行双重领导。

（一）国家税务局系统

国家税务局系统包括省、自治区、直辖市国家税务局，地区、地级市、自治州、盟国家税务局，县、县级市、旗国家税务局，征收分局、税务所。征收分局、税务所是县级国家税务局的派出机构，前者一般按照行政区划、经济区划或者行业设置，后者一般按照经济区划或者行政区划设置。

省级国家税务局是国家税务总局直属的正厅（局）级行政机构，是本地区主管国家税收工作的职能部门，负责贯彻执行国家的有关税收法律、法规和规章，并结合本地实际情况制定具体实施办法。局长、副局长均由国家税务总局任命。

（二）地方税务局系统

地方税务局系统包括省、自治区、直辖市地方税务局，地区、地级市、自治州、盟地方税务局，县、县级市、旗地方税务局，征收分局、税务所。省以下地方税务局实行上级税务机关和同级政府双重领导，以上级税务机关垂直领导为主的管理体制，即地区（市）、县（市）地方税务局的机构设置、干部管理、人员编制和经费开支均由所在省、自治区、直辖市地方税务局垂直管理。

省级地方税务局是省级人民政府所属的主管本地区地方税收工作的职能部门，一般为正厅（局）级行政机构，实行地方政府和国家税务总局双重领导，以地方政府领导为主的管理体制。

国家税务总局对省级地方税务局的领导，主要体现在税收政策、业务的指导和协调，对国家统一的税收制度、政策的监督，组织经验交流等方面。省级地方税务局的局长人选由地方政府征求国家税务总局意见之后任免。

三、税收征收管理范围划分

目前，我国的税收分别由财政、税务、海关等系统负责征收管理。

（一）国家税务局系统负责征收和管理

国家税务局系统负责征收和管理的税种有：①增值税；②消费税；③车辆购置税；④铁道部门、各银行总行、各保险总公司集中缴纳的营业税、所得税、城市维护建设税；⑤中央企业缴纳的所得税；⑥中央与地方所属企业、事业单位组成的联营企业、股份制企业缴纳的所得税；⑦地方银行、非银行金融企业缴纳的所得税；⑧海洋石油企业缴纳的所得税、资源税；⑨部分企业的企业所得税；⑩证券交易税（开征之前为对证券交易征收的印花税）；⑪个人所得税中对储蓄存款利息所得征收的部分；⑫中央税的滞纳金、补税、罚款。

（二）地方税务局系统负责征收和管理

地方税务局系统负责征收和管理的税种有：①营业税；②城市维护建设税（不包括上述由国家税务局系统负责征收管理的部分）；③地方国有企业、集体企业、私营企业缴纳的所得税、个人所得税（不包括对银行储蓄存款利息所得征收的部分）；④资源税；⑤城镇土地使用税；⑥耕地占用税；⑦土地增值税；⑧房产税；⑨车船税；⑩印花税；⑪契税；⑫地方税的滞纳金、补税、罚款。

为了加强税收征收管理，降低征收成本，避免工作交叉，简化征收手续，方便纳税人，在某些情况下，国家税务局和地方税务局可以相互委托对方代征某些税收。

（三）地方财政部门负责征收和管理

在大部分地区，地方附加、契税、耕地占用税，仍由地方财政部门负责征收和管理。

（四）海关系统负责征收和管理

海关系统负责征收和管理的项目有关税，行李和邮递物品进口税，同时负责代征进出口环节的增值税和消费税。

四、中央政府与地方政府税收收入划分

根据国务院关于实行分税制财政管理体制的规定，我国的税收收入分为中央政府固定收入、地方政府固定收入和中央政府与地方政府共享收入。

（一）中央政府固定收入

中央政府固定收入包括：消费税（含进口环节海关代征的部分），车辆购置税，关税，海关代征的进口环节增值税等。

（二）地方政府固定收入

地方政府固定收入包括：城镇土地使用税，耕地占用税，土地增值税，房产税，车船税，契税等。

（三）中央政府与地方政府共享收入

中央政府与地方政府共享收入主要包括：

（1）增值税（不含进口环节由海关代征的部分）：中央政府分享75%，地方政府分享25%。

（2）营业税：铁道部、各银行总行、各保险总公司集中缴纳的部分归中央政府，其余部分归地方政府。

（3）企业所得税：铁道部、各银行总行及海洋石油企业缴纳的部分归中央政府，其余部分中央与地方政府按60%与40%的比例分享。

（4）个人所得税：除储蓄存款利息所得的个人所得税外，其余部分的分享比例与企业所得税相同。

（5）资源税：海洋石油企业缴纳的部分归中央政府，其余部分归地方政府。

（6）城市维护建设税：铁道部、各银行总行、各保险总公司集中缴纳的部分归中央政府，其余部分归地方政府。

（7）印花税：证券交易印花税收入的94%归中央政府，其余6%和其他印花税收入归地方政府。

第四节　税收征收管理权利和义务的设定

《征管法》及其实施细则加强了对税务机关行使权力的监督，更加明确了纳税人依法享有的权利，它对于提高征管主体的征管水平、切实保护纳税人的合法权益起到极大的促进作用。

一、税务机关和税务人员的权利和义务

(一) 税务机关和税务人员的权利

税务机关和税务人员的权利主要包括:

(1) 负责税收征收管理工作。

(2) 税务机关依法执行职务,任何单位和个人不得阻挠。

(二) 税务机关和税务人员的义务

税务机关和税务人员的义务主要包括:

(1) 税务机关应当广泛宣传税收法律、行政法规,普及纳税知识,无偿地为纳税人提供纳税咨询服务。

(2) 税务机关应当加强队伍建设,提高税务人员的政治业务素质。

(3) 税务机关、税务人员必须秉公执法、忠于职守、清正廉洁、礼貌待人、文明服务,尊重和保护纳税人、扣缴义务人的权利,依法接受监督。

(4) 税务人员不得索贿受贿、徇私舞弊、玩忽职守、不征或者少征应征税款;不得滥用职权多征税款或者故意刁难纳税人和扣缴义务人。

(5) 各级税务机关应当建立、健全内部制约和监督管理制度。

(6) 上级税务机关应当对下级税务机关的执法活动依法进行监督。

(7) 各级税务机关应当对其工作人员执行法律、行政法规和廉洁自律准则的情况进行监督检查。

(8) 税务机关负责征收、管理、稽查、行政复议人员的职责应当明确,并相互分离、相互制约。

(9) 税务机关应为检举人保密,并按照规定给予奖励。

(10) 税务人员在核定应纳税额、调整税收定额、进行税务检查、实施税务行政处罚、办理税务行政复议时,与纳税人、扣缴义务人或者其法定代表人、直接责任人有下列关系之一的,应当回避:①夫妻关系;②直系血亲关系;③三代以内旁系血亲关系;④近姻亲关系;⑤可能影响公正执法的其他利益关系。

二、纳税人、扣缴义务人的权利和义务

(一) 纳税人、扣缴义务人的权利

纳税人、扣缴义务人的权利主要包括:

(1) 纳税人、扣缴义务人有权向税务机关了解国家税收法律、行政法规的规定以及与纳税程序有关的情况。

(2) 纳税人、扣缴义务人有权要求税务机关为纳税人、扣缴义务人的情况保密。税务机关应当为纳税人、扣缴义务人的情况保密。保密是指纳税人、扣缴义务人的商业秘密及个人隐私。纳税人、扣缴义务人的税收违法行为不属于保密范围。

(3) 纳税人依法享有申请减税、免税、退税的权利。

(4) 纳税人、扣缴义务人对税务机关所做出的决定,享有陈述权、申辩权;依法享有申请行政复议、提起行政诉讼、请求国家赔偿等权利。

(5) 纳税人、扣缴义务人有权控告和检举税务机关、税务人员的违法违纪行为。

（二）纳税人、扣缴义务人的义务

纳税人、扣缴义务人的义务主要包括：

（1）纳税人、扣缴义务人必须依照法律、行政法规的规定缴纳税款、代扣代缴、代收代缴税款。

（2）纳税人、扣缴义务人和其他有关单位应当按照国家有关规定如实向税务机关提供与纳税和代扣代缴、代收代缴税款有关的信息。

（3）纳税人、扣缴义务人和其他有关单位应当接受税务机关依法进行的税务检查。

三、地方各级人民政府、有关部门和单位的权利和义务

（一）地方各级人民政府、有关部门和单位的权利

地方各级人民政府、有关部门和单位的权利主要包括：

（1）地方各级人民政府应当依法加强对本行政区域内税收征收管理工作的领导或者协调，支持税务机关依法执行职务，依照法定税率计算税额，依法征收税款。

（2）各有关部门和单位应当支持、协助税务机关依法执行职务。

（3）任何单位和个人都有权检举违反税收法律、行政法规的行为。

（二）地方各级人民政府、有关部门和单位的义务

地方各级人民政府、有关部门和单位的义务主要包括：

（1）任何机关、单位和个人不得违反法律、行政法规的规定，擅自做出税收开征、停征以及减税、免税、退税、补税和其他与税收法律、行政法规相抵触的决定。

（2）收到违反税收法律、行政法规行为检举的机关和负责查处的机关应当为检举人保密。

第五节　纳税申报管理

纳税申报是纳税人按照税法规定的期限和内容，向税务机关提交有关纳税事项书面报告的法律行为，是纳税人履行纳税义务、界定纳税人法律责任的主要依据，是税务机关税收管理信息的主要来源和税务管理的重要制度。

一、纳税申报的对象

根据《征管法》第25条的规定，纳税申报的对象为纳税人和扣缴义务人。纳税人在纳税期内没有应纳税款的，也应当按照规定办理纳税申报。纳税人享受减税、免税待遇的，在减税、免税期间应当按照规定办理纳税申报。

二、纳税申报的内容

纳税申报的内容，主要在各税种的纳税申报表和代扣代缴、代收代缴税款报告表中体现，还有的是随纳税申报表附报的财务报表和有关纳税资料中体现。纳税人和扣缴义务人的纳税申报和代扣代缴、代收代缴税款报告表的主要内容包括：税种、税目，应纳税项目或者应代扣代缴、代收代缴税款项目，计税依据，扣除项目及标准，适用税率或者单位税额，应退税项目及税额、应减免税项目及税额，应纳税额或者应代扣代缴、代收代缴税

额，税款所属期限、延期缴纳税款、欠税、滞纳金等。

三、纳税申报的期限

《征管法》规定纳税人和扣缴义务人都必须按照法定的期限办理纳税申报。申报期限有两种：一种是法律、行政法规明确规定的；另一种是税务机关按照法律、行政法规的原则规定，结合纳税人生产经营的实际情况及其所应缴纳的税种等相关问题予以确定的。两种期限具有同等的法律效力。

四、纳税申报的要求

纳税人办理纳税申报时，应当如实填写纳税申报表，并根据不同的情况相应报送下列有关证件、资料：

（1）财务会计报表及其说明材料。

（2）与纳税有关的合同、协议书及凭证。

（3）税控装置的电子报税资料。

（4）外出经营活动税收管理证明和异地完税凭证。

（5）境内或者境外公证机构出具的有关证明文件。

（6）税务机关规定应当报送的其他证件、资料。

（7）扣缴义务人办理代扣代缴、代收代缴税款报告时，应当如实填写代扣代缴、代收代缴税款报告表，并报送代扣代缴、代收代缴税款的合法凭证以及税务机关规定的其他有关证件、资料。

五、纳税申报的方式

《征管法》第26条规定："纳税人、扣缴义务人可以直接到税务机关办理纳税申报或者报送代扣代缴、代收代缴税款报告表，也可以按照规定采取邮寄、数据电文或者其他方式办理上述申报、报送事项。"

（一）主要纳税申报方式

目前，纳税申报的形式主要有以下三种。

1. 直接申报

直接申报是指纳税人自行到税务机关办理纳税申报。这是一种传统申报方式。

2. 邮寄申报

邮寄申报是指经税务机关批准的纳税人使用统一规定的纳税申报特快专递专用信封，通过邮政部门办理交寄手续，并向邮政部门索取收据作为申报凭据的方式。

纳税人采取邮寄方式办理纳税申报的，应当使用统一的纳税申报专用信封，并以邮政部门收据作为申报凭据。邮寄申报以寄出的邮戳日期为实际申报日期。

3. 数据电文

数据电文是指经税务机关确定的电话语音、电子数据交换和网络传输等电子方式。例如，目前纳税人的网上申报就是数据电文申报方式的一种形式。

纳税人采取电子方式办理纳税申报的，应当按照税务机关规定的期限和要求保存有关资料，并定期书面报送主管税务机关。纳税人、扣缴义务人采取数据电文方式办理纳税申报的，其申报日期以税务机关计算机网络系统收到该数据电文的时间为准。

无论采用直接申报、邮寄申报，还是数据电文申报，最终都要由征税机关打印税收缴款书或从网上生成并打印税收缴款书作为纳税人缴纳税款的依据。税收缴款书因征税机关不同，其格式和所填列的内容有所不同，主要有国家税务局税收通用缴款书、地方税务局专用缴款书和海关专用缴款书。

（二）其他纳税申报方式

除上述方式外，实行定期定额缴纳税款的纳税人，可以实行简易申报、简并征期等纳税申报方式。

1. 简易申报

简易申报是指实行定期定额缴纳税款的纳税人在法律、行政法规规定的期限内或者税务机关依据法规的规定确定的期限内缴纳税款的，税务机关可以视同申报。

2. 简并征期

简并征期是指实行定期定额缴纳税款的纳税人，经税务机关批准，可以采取将纳税期限合并为按季、半年、年的方式缴纳税款。

六、延期申报管理

延期申报是指纳税人、扣缴义务人不能按照税法规定的期限办理纳税申报或扣缴税款报告。

根据《征管法》第27条和《中华人民共和国税收征收管理法实施细则》（以下简称《征管法实施细则》）第37条及有关法规的规定，纳税人因有特殊情况，不能按期进行纳税申报的，经县以上税务机关核准，可以延期申报。但应当在规定的期限内向税务机关提出书面延期申请，经税务机关批准，在核准的期限内办理。如纳税人、扣缴义务人因不可抗力，不能按期办理纳税申报或者报送代扣代缴、代收代缴税款报告表的，可以延期办理，但应当在不可抗力情形消除后立即向税务机关报告。

经核准延期办理纳税申报的，应当在纳税期内按照上期实际缴纳的税额或者税务机关核定的税额预缴税款，并在核准的延期内办理纳税结算。

七、监督检查纳税申报存在的问题

（一）纳税人、扣缴义务人是否申报，申报是否及时

这里监督检查的对象主要是那些已办理税务登记的纳税人是否申报。纳税人、扣缴义务人必须在法律、行政法规规定或者税务机关依照法律、行政法规的规定确定的申报期限内到主管税务机关办理纳税申报。纳税人、扣缴义务人到期没有申报，又没有提出延期申报的，主管税务机关需要进一步查实，如果确因不可抗力不能按期办理纳税申报或者报送代扣代缴、代收代缴税款报告表的，可以延期办理。

（二）申报表的选择是否正确

纳税人选择填报的纳税申报表是否正确主要在于纳税人应当申报缴纳哪种（或哪几种）税，而税种的选择取决于纳税人是否是该税种的纳税人。

（三）报送材料是否齐全，填写的内容是否完整

纳税申报表填写内容的完整要求一般都包括以下内容：①企业名称（盖章）；②企业地址、电话、邮编；③税务登记证代码；④税款所属时间；⑤申报日期；⑥税种名称（已印的可省略）；⑦税目名称、税目代码；⑧计税总值（营业额、收入额、所得额、土地面积等）；⑨税率、税额；⑩减免税额；⑪已缴税额等。

（四）签字、盖章是否齐全

签字、盖章要承担法律后果，因此只有签字、盖章齐全的纳税申报表才具有法律效力。特别是纳税人委托税务代理人办理的纳税申报，不但要有纳税人公章，财务负责人、办税人员签字或盖章，还要有代理申报人和授权人签字，只有这样才能分清各自的责任。

（五）逻辑关系是否正确

税务人员通过对纳税申报表、扣缴税款报告表、财务会计报表等纳税申报资料之间以及各材料自身的逻辑关系分析来推测纳税人是否存在申报不实等问题。

需要说明的是，由于国家税务局和地方税务局的征收管理要求不同，所以纳税申报表的格式有所不同，要求重点填列的项目也有所不同；另外地方税务局的地方性较强，不同地方税务局的纳税申报表的格式也有所不同，但这只是形式上的差异而不是本质差异。由于篇幅有限，本教材以北京市国家税务局和地方税务局的纳税申报表为例进行讲解。北京市已基本实现网上申报或 IC 卡电子申报，通过银库税联网，逐步实现网上申报纳税无纸化。但纳税人要正确进行电子申报，必须在熟悉相关税收法律、行政法规知识的基础上，准确掌握纸质纳税申报表或扣缴税款报告表的计算填列方法，否则电子申报极易出错，导致纳税人接受本不应该发生的税收处罚，造成不必要的损失。另外，网上申报多为按程序选择填列相关项目，无法或很难清楚、直观、简练、系统、全面讲解各种税的纳税申报问题。因此，本教材讲解纳税人计算填列纸质纳税申报表或者扣缴税款报告表的方法，对北京市及其他省市的纳税人应当有一定指导价值。

第六节　税款征收

税款征收是税务机关依照税收法律、法规规定将纳税人应当缴纳的税款组织征收入库的一系列活动的总称，是税收征收管理工作的中心环节，是税务登记、账簿票证管理、纳税申报等税收征管工作的目的和归宿，在整个税收工作中占据着极其重要的地位。

一、税款征收的原则

（一）税务机关是征税的唯一行政主体的原则

《征管法》第 29 条规定："除税务机关、税务人员以及经税务机关依照法律、行政法规委托的单位和人员外，任何单位和个人不得进行税款征收活动。"第 41 条同时规定："采取税收保全措施、强制执行措施的权利，不得由法定的税务机关以外的单位和个人行使。"

（二）税务机关只能依照法律、行政法规的规定征收税款

根据《征管法》第 28 条的规定：税务机关只能依照法律、行政法规的规定征收税款。未经法定机关和法定程序调整，征纳双方均不得随意变动。税务机关代表国家向纳税人征收税款，不能任意征收，只能依法征收。

（三）税务机关不得违反法律、行政法规的规定开征、停征、多征、少征、提前征收、延缓征收或者摊派税款

《征管法》第 28 条规定："税务机关依照法律、行政法规的规定征收税款，不得违反

法律、行政法规的规定开征、停征、多征、少征、提前征收、延缓征收或者摊派税款。"

税务机关是执行税法的专职机构，既不得在税法生效之前先行向纳税人征收税款，也不得在税法尚未失效时，停止征收税款，更不得擅立章法，新开征一种税。

在税款征收过程中，税务机关应当按照税收法律、行政法规预先规定的征收标准进行征税。不得擅自增减改变税目、调高或降低税率、加征或减免税款、提前征收或延缓征收税款以及摊派税款。

（四）税务机关征收税款必须遵守法定权限和法定程序的原则

税务机关执法必须遵守法定权限和法定的程序，这也是税款征收的一项基本原则。例如，采取税收保全措施或强制执行措施时；办理减税、免税、退税时；核定应纳税额时；进行纳税调整时；针对纳税人的欠税，进行清理，采取各种措施时；税务机关都必须按照法律或者行政法规规定的审批权限和程序进行操作，否则就是违法。

（五）税务机关征收税款或扣押、查封商品、货物或其他财产时，必须向纳税人开具完税凭证或开付扣押、查封的收据或清单

《征管法》第 34 条规定："税务机关征收税款时，必须给纳税人开具完税凭证。扣缴义务人代扣、代收税款时，纳税人要求扣缴义务人开具代扣、代收税款凭证的，扣缴义务人应当开具。"第 47 条规定："税务机关扣押商品、货物或者其他财产时，必须开付收据；查封商品、货物或者其他财产时，必须开付清单。"这是税款征收的又一基本原则。

（六）税款、滞纳金、罚款统一由税务机关上缴国库

《征管法》第 53 条规定："国家税务局和地方税务局应当按照国家规定的税收征收管理范围和税款入库预算级次，将征收的税款缴入国库。对审计机关、财政机关依法查出的税收违法行为，税务机关应当根据有关机关的决定、意见书，依法将应收的税款、滞纳金按照税款入库预算级次缴入国库，并将结果及时回复有关机关。"这也是税款征收的一个基本原则。

（七）税款优先的原则

《征管法》第 45 条规定，"税务机关征收税款，税收优先于无担保债权，法律另有规定的除外；纳税人欠缴的税款发生在纳税人以其财产设定抵押、质押或者纳税人的财产被留置之前的，税收应当先于抵押权、质权、留置权执行。纳税人欠缴税款，同时又被行政机关决定处以罚款、没收违法所得的，税收优先于罚款、没收违法所得。税务机关应当对纳税人欠缴税款的情况定期予以公告。"

根据《征管法》第 45 条的规定，第一次在税收法律上确定了税款优先的地位，确定了税款征收在纳税人支付各种款项和偿还债务时的顺序。税款优先的原则不仅增强了税法的刚性，而且增强了税法在执行中的可操作性。

1. 税收优先于无担保债权

这里所说的税收优先于无担保债权是有条件的，也就是说并不是优先于所有的无担保债权，对于法律上另有规定的无担保债权，不能行使税收优先权。

2. 纳税人发生欠税在前的，税收优先于抵押权、质权和留置权的执行

这里有两个前提条件：一是纳税人有欠税；二是欠税发生在前，即纳税人的欠税发生在以其财产设定抵押、质押或被留置之前。纳税人在有欠税的情况下设置抵押权、质权、留置权时，纳税人应当向抵押权人、质权人说明其欠税情况。

3. 税收优先于罚款、没收违法所得

纳税人欠缴税款，同时又被税务机关决定处以罚款、没收违法所得的，税收优先于罚款、没收违法所得。纳税人欠缴税款，同时又被税务机关以外的其他行政部门处以罚款、没收违法所得的，税收优先于罚款、没收违法所得。

二、税款征收的方式

税款征收方式是指税务机关根据各种税的不同特点、征纳双方的具体条件而确定的计算征收税款的方法和形式。税款征收的方式主要有以下几种。

（一）查账征收

查账征收是指税务机关按照纳税人提供的账表所反映的经营情况，依照适用税率计算缴纳税款的方式。这种方式一般适用于财务会计制度较为健全，能够认真履行纳税义务的纳税单位。

（二）查定征收

查定征收是指税务机关根据纳税人的从业人员、生产设备、采用原材料等因素，对其产制的应税产品查实核定产量、销售额并据以征收税款的方式。这种方式一般适用于账册不够健全，但是能够控制原材料或进销货的纳税单位。

（三）查验征收

查验征收是指税务机关对纳税人应税商品，通过查验数量，按市场一般销售单价计算其销售收入并据以征税的方式。这种方式一般适用于经营品种比较单一、经营地点、时间和商品来源不固定的纳税单位。

（四）定期定额征收

定期定额征收是指税务机关通过典型调查，逐户确定营业额和所得额并据以征收税款的方式。这种方式一般适用于无完整考核依据的小型纳税单位。

（五）代扣代缴、代收代缴

代扣代缴、代收代缴是指依照税法规定负有代扣代缴、代收代缴税款义务的单位和个人，按照税法规定对纳税人应当缴纳的税款进行扣缴或代缴的征收方式。这种方式有利于加强对税收的源泉控制，减少税款流失，降低税收成本，手续也比较简单。

（六）委托代征税款

委托代征税款是指税务机关委托代征人以税务机关的名义征收税款，并将税款缴入国库的方式。这种方式一般适用于小额、零散税源的征收。

（七）邮寄纳税

邮寄纳税是一种新的纳税方式。这种方式主要适用于那些有能力按期纳税，但采用其他方式纳税又不方便的纳税人。

（八）其他方式

例如，利用网络申报、用 IC 卡纳税等方式。

三、税款征收制度

（一）代扣代缴、代收代缴税款制度

（1）对法律、行政法规没有规定负有代扣、代收税款义务的单位和个人，税务机关不得要求其履行代扣、代收税款义务。

（2）税法规定的扣缴义务人必须依法履行代扣、代收税款义务。如果不履行扣缴义务，就要承担法律责任。除按征管法及其实施细则的规定给予处罚外，应当责成扣缴义务人限期将应扣未扣、应收未收税款补扣或补收。

（3）扣缴义务人依法履行代扣、代收税款义务时，纳税人不得拒绝。纳税人拒绝的，扣缴义务人应当在 1 日之内报告主管税务机关处理。不及时向主管税务机关报告的，扣缴义务人应承担应扣未扣、应收未收税款的责任。

（4）扣缴义务人代扣、代收税款，只限于法律、行政法规规定的范围，并依照法律、行政法规规定的征收标准执行。对法律、行政法规没有规定代扣、代收的，扣缴义务人不能超越范围代扣、代收税款，扣缴义务人也不得提高或降低标准代扣、代收税款。

（5）对依法负有代扣代缴、代收代缴义务的扣缴义务人，税务机关应按照规定付给其代扣、代缴手续费。代扣、代缴税款手续费只能由县（市）以上税务机关统一办理退库手续，不得在征收税款过程中坐支。

（二）延期缴纳税款制度

《征管法》第 31 条规定："纳税人、扣缴义务人按照法律、行政法规规定或者税务机关依照法律、行政法规的规定确定的期限，缴纳或者解缴税款。纳税人因有特殊困难，不能按期缴纳税款的，经省、自治区、直辖市国家税务局、地方税务局批准，可以延期缴纳税款，但是最长不得超过 3 个月。"

特殊困难的主要内容包括：一是因不可抗力，导致纳税人发生较大损失，正常生产经营活动受到较大影响的；二是当期货币资金在扣除应付职工工资、社会保险费后，不足以缴纳税款的。

纳税人在申请延期缴纳税款时应当注意以下几个问题：

（1）在规定期限内提出书面申请。纳税人需要延期缴纳税款的，应当在缴纳税款期限届满前提出申请，并报送下列材料：申请延期缴纳税款报告，当期货币资金余额情况及所有银行存款账户的对账单，资产负债表，应付职工工资和社会保险费等税务机关要求提供的支出预算。税务机关应当自收到申请延期缴纳税款报告之日起 20 日内做出批准或者不予批准的决定；不予批准的，从缴纳税款期限届满之日起加收滞纳金。

（2）税款的延期缴纳，必须经省、自治区、直辖市国家税务局、地方税务局批准，方为有效。

（3）延期期限最长不得超过 3 个月，同一笔税款不得滚动审批。

（4）批准延期内免予加收滞纳金。

（三）税收滞纳金征收制度

《征管法》第 32 条规定："纳税人未按照规定期限缴纳税款的，扣缴义务人未按照规定期限解缴税款的，税务机关除责令限期缴纳外，从滞纳税款之日起，按日加收滞纳税款 0.5‰的滞纳金。"

（四）减免税收制度

根据《征管法》第 33 条的规定办理减税、免税应注意下列事项：

（1）减免税必须有法律、行政法规的明确规定（具体规定将在税收实体法中体现）。地方各级人民政府、各级人民政府主管部门、单位和个人违反法律、行政法规规定，擅自做出的减税、免税决定无效，税务机关不得执行，并向上级税务机关报告。

（2）纳税人申请减免税，应向主管税务机关提出书面申请，并按规定附送有关资料。

（3）减免税的申请须经法律、行政法规规定的减税、免税审查批准机关审批。

（4）纳税人在享受减免税待遇期间，仍应按规定办理纳税申报。

（5）纳税人享受减税、免税的条件发生变化时，应当自发生变化之日起 15 日内向税务机关报告，经税务机关审核后，停止其减税、免税；对不报告的，又不再符合减税、免税条件的，税务机关有权追回已减免的税款。

（6）减税、免税期满，纳税人应当自期满次日起恢复纳税。

（7）减免税分为报批类减免税和备案类减免税。报批类减免税是指应由税务机关审批的减免税项目；备案类减免税是指取消审批手续的减免税项目和不需税务机关审批的减免税项目。

（8）纳税人同时从事减免项目与非减免项目的，应分别核算，独立计算减免项目的计税依据以及减免税额度。不能分别核算的，不能享受减免税；核算不清的，由税务机关按合理方法核定。

（9）纳税人依法可以享受减免税待遇，但未享受而多缴税款的，凡属于无明确规定需经税务机关审批或没有规定申请期限的，纳税人可以在《征管法》第 51 条规定的期限内申请减免税，要求退还多缴的税款，但不加算银行同期存款利息。

（10）减免税审批机关由税收法律、法规、规章设定。

（11）纳税人申请报批类减免税的，应当在政策规定的减免税期限内，向主管税务机关提出书面申请。

（12）纳税人可以向主管税务机关申请减免税，也可以直接向有权审批的税务机关申请。

（13）税务机关受理或者不予受理减免税申请，应当出具加盖本机关专用印章和注明日期的书面凭证。

（14）减免税审批是对纳税人提供的资料与减免税法定条件的相关性进行的审核，不改变纳税人的真实申报责任。

（15）减免税期限超过 1 个纳税年度的，进行一次性审批。

（16）减免税申请符合法定条件、标准的，主管税务机关应当在规定的期限内做出准予减免税的书面决定。依法不予减免税的，应当说明理由，并告知纳税人享有依法申请行政复议或者提起行政诉讼的权利。

（17）纳税人在执行备案类减免税之前，必须向主管税务机关申报以下资料备案：

①减免税政策的执行情况；

②主管税务机关要求提供的有关资料。

（18）纳税人已享受减免税的，应当纳入正常申报，进行减免税申报。

（五）税额核定制度

《征管法》第 35 条规定："纳税人有下列情形之一的，税务机关有权核定其应纳税额：①依照法律、行政法规的规定可以不设置账簿的；②依照法律、行政法规的规定应当设置但未设置账簿的；③擅自销毁账簿或者拒不提供纳税资料的；④虽设置账簿，但账目混乱或者成本资料、收入凭证、费用凭证残缺不全，难以查账的；⑤发生纳税义务，未按照规定的期限办理纳税申报，经税务机关责令限期申报，逾期仍不申报的；⑥纳税人申报的计税依据明显偏低，又无正当理由的。"

目前税务机关核定税额的方法主要有以下四种：

（1）参照当地同类行业或者类似行业中，经营规模和收入水平近似的纳税人的收入额和利润率核定。

（2）按照成本加合理费用和利润的方法核定。

（3）按照耗用的原材料、燃料、动力等推算或者测算核定。

（4）按照其他合理的方法核定。

（六）税收调整制度

《征管法》第 36 条规定："企业或者外国企业在中国境内设立的从事生产、经营的机构、场所与其关联企业之间的业务往来，应当按照独立企业之间的业务往来收取或者支付价款、费用；不按照独立企业之间的业务往来收取或者支付价款、费用，而减少其应纳税的收入或者所得额的，税务机关有权进行合理调整。"

关联企业是指有下列关系之一的公司、企业和其他经济组织：

（1）在资金、经营、购销等方面，存在直接或者间接的拥有或者控制关系。

（2）直接或者间接地同为第三者所拥有或者控制。

（3）在利益上具有相关联的其他关系。独立企业之间的业务往来是指没有关联关系的企业之间按照公平成交价格和营业常规所进行的业务往来。

纳税人与其关联企业之间有需要调整的业务往来时，税务机关可以按照下列方法调整计税收入额或者所得额：

（1）按照独立企业之间进行的相同或者类似业务活动的价格。

（2）按照再销售给无关联关系的第三者的价格所应取得的收入和利润水平。

（3）按照成本加合理的费用和利润。

（4）按照其他合理的方法。

纳税人与其关联企业未按照独立企业之间的业务往来支付价款、费用的，税务机关自该业务往来发生的纳税年度起 3 年内进行调整；有特殊情况的，可以自该业务往来发生的纳税年度起 10 年内进行调整。

（七）未办理税务登记的从事生产、经营的纳税人，以及临时从事生产、经营纳税人的税款征收制度

《征管法》第 37 条规定："对未按照规定办理税务登记的从事生产、经营的纳税人以及临时从事生产、经营的纳税人，由税务机关核定其应纳税额，责令缴纳；不缴纳的，税务机关可以扣押其价值相当于应纳税款的商品、货物。扣押后缴纳应纳税款的，税务机关必须立即解除扣押，并归还所扣押的商品、货物；扣押后仍不缴纳应纳税款的，经县以上税务局（分局）局长批准，依法拍卖或者变卖所扣押的商品、货物，以拍卖或者变卖所得抵缴税款。"

（八）税收保全措施

税收保全措施是指税务机关对可能由于纳税人的行为或者某种客观原因，致使以后税款的征收不能保证或难以保证的案件，采取限制纳税人处理或转移商品、货物或其他财产的措施。

根据《征管法》第 38 条的规定，税务机关有根据认为从事生产、经营的纳税人有逃避纳税义务行为的，可以在规定的纳税期之前，责令限期缴纳税款；在限期内发现纳税人有明显的转移、隐匿其应纳税的商品、货物以及其他财产迹象的，税务机关应责令其提供纳税担保。如果纳税人不能提供纳税担保，经县以上税务局（分局）局长批准，税务机关可以采取下列税收保全措施：

（1）书面通知纳税人开户银行或者其他金融机构冻结纳税人的金额相当于应纳税款的存款。

（2）扣押、查封纳税人的价值相当于应纳税款的商品、货物或者其他财产。其他财产包括纳税人的房地产、现金、有价证券等不动产和动产。

根据上述规定，采取税收保全措施应注意以下几个问题：

1. 采取税收保全措施的前提和条件

税务机关采取税收保全措施的前提是，从事生产、经营的纳税人有逃避纳税义务行为的。即税务机关采取税收保全措施的前提是对逃税的纳税人采取的。采取时，应当符合下列两个条件：

（1）纳税人有逃避纳税义务的行为。没有逃避纳税义务行为的，不能采取税收保全措施。逃避纳税义务行为的最终目的是为了不缴或少缴税款，其采取的方法主要是转移、隐匿可以用来缴纳税款的资金或实物。

（2）必须是在规定的纳税期之前和责令限期缴纳应纳税款的期限内。如果纳税期和责令缴纳应纳税款的期限届满，纳税人又没有缴纳应纳税款的，税务机关可以按规定采取强制措施，就无所谓税收保全了。

2. 采取税收保全措施的法定程序

（1）责令纳税人提前缴纳税款。税务机关有根据认为从事生产、经营的纳税人有逃避纳税义务行为的，可以在规定的纳税期之前，责令限期缴纳应纳税款。税务机关对有逃税行为的纳税人在规定的纳税期之前，责令限期缴纳税款时，主管税务机关应下达给有逃税行为的纳税人执行。同时主管税务机关填制由纳税人签章的《税务文书送达回证》。

（2）责成纳税人提供纳税担保。在限期内，纳税人有明显的转移、隐匿应纳税的商品、货物以及其他财产或者应纳税的收入迹象的，税务机关可以责成纳税人提供纳税担保。

（3）冻结纳税人的存款。纳税人不能提供纳税担保的，经县以上税务局（分局）局长批准，书面通知纳税人开户银行或者其他金融机构冻结纳税人的金额相当于应纳税款的存款。

（4）扣押、查封纳税人的商品、货物或者其他财产。纳税人在开户银行或者其他金融机构中没有存款，或者税务机关无法掌握其存款情况的，税务机关可以扣押、查封纳税人的价值相当于应纳税款的商品、货物或其他财产。

3. 税收保全措施的终止

税收保全措施的终止有两种情况：

（1）纳税人在规定的限期内缴纳了应纳税款的，税务机关必须立即解除税收保全措施。

（2）纳税人超过规定的期限仍不缴纳税款的，经县以上税务局（分局）局长批准，终止保全措施，转入强制执行措施，即书面通知纳税人开户银行或者其他金融机构从其冻结的存款中扣缴税款，或者依法拍卖、变卖所扣押、查封的商品、货物或其他财产，以拍卖或者变卖所得抵缴税款。

（九）税收强制执行措施

税收强制执行措施是指当事人不履行法律、行政法规规定的义务，有关国家机关采用法定的强制手段，强迫当事人履行义务的行为。

根据《征管法》第 40 条规定，从事生产、经营的纳税人、扣缴义务人未按照规定的期限缴纳或者解缴税款，纳税担保人未按照规定的期限缴纳所担保的税款，由税务机关责令限期缴纳，逾期仍未缴纳的，经县以上税务局（分局）局长批准，税务机关可以采取下列强制执行措施：

（1）书面通知其开户银行或者其他金融机构从其存款中扣缴税款。

（2）扣押、查封、依法拍卖或者变卖其价值相当于应纳税款的商品、货物或者其他财产，以拍卖或者变者变卖所得抵缴税款。

税务机关采取强制执行措施时，对上款所列纳税人、扣缴义务人、纳税担保人未缴纳的滞纳金同时强制执行。

个人及其所扶养家属维持生活必需的住房和用品，不在强制执行措施的范围之内。

根据上述规定，采取税收强制执行措施应注意以下几个问题：

1. 税收强制执行的适用范围

强制执行措施的适用范围仅限于未按照规定的期限缴纳或者解缴税款或者提供纳税担保的，经责令限期缴纳，逾期仍未缴纳的从事生产、经营的纳税人、扣缴义务人、纳税担保人。需要说明的是，采取强制执行措施适用于扣缴义务人、纳税担保人，采取税收保全措施时则不适用。

2. 税收强制执行应坚持的原则

税务机关采取税收强制执行措施时，必须坚持告诫在先的原则，即纳税人、扣缴义务人、纳税担保人未按照规定的期限缴纳或者解缴税款或者提供纳税担保的，责令限期缴纳，逾期仍未缴纳的，再采取税收强制执行措施。如果没有责令限期缴纳就采取税收强制执行措施，也就违背了告诫在先的原则，所采取的措施和程序是违法的。

3. 采取税收强制执行措施的程序

（1）税款的强制征收（扣缴税款）。纳税人、扣缴义务人、纳税担保人在规定的期限内未缴纳或者解缴税款或者提供纳税担保的，经主管税务机关责令限期缴纳，逾期仍未缴纳的，经县以上税务局（分局）局长批准，书面通知其开户银行或者其他金融机构，从其存款中扣缴税款。在扣缴税款的同时，主管税务机关应按照《征管法》第 68 条的规定，可以处以不缴或者少缴的税款 50% 以上 5 倍以下的罚款。

（2）扣押、查封、拍卖或者变卖，以拍卖或者变卖所得抵缴税款。按照《征管法》第 40 条的规定，扣押、查封、拍卖或者变卖等行为具有连续性，即扣押、查封后，不再给纳税人自动履行纳税义务的期间，税务机关可以直接拍卖或者变卖其价值相当于应纳税款的商品、货物或者其他财产，以拍卖或者变卖所得抵缴税款。

4. 滞纳金的强制划拨

采取税收强制执行措施时，对纳税人、扣缴义务人、纳税担保人未缴纳的滞纳金必须同时强制执行。对纳税人已缴纳税款，但拒不缴纳滞纳金的，税务机关可以单独对纳税人应缴未缴的滞纳金采取强制执行措施。

（十）欠税清缴制度

欠税是指纳税人未按照规定期限缴纳税款，扣缴义务人未按照规定解缴税款的行为。

《征管法》在欠税清缴方面主要采取了以下措施：

1. 严格控制欠缴税款的审批权限

根据《征管法》第31条的规定，缓缴税款的审批权限集中在省、自治区、直辖市国家税务局、地方税务局。这样规定，一方面能帮助纳税人渡过暂时的难关，另一方面也体现了严格控制欠税的精神，保证国家税收免遭损失。

2. 限期缴税时限

从事生产、经营的纳税人、扣缴义务人未按照规定的期限缴纳或者解缴税款的，纳税担保人未按照规定的期限缴纳所担保的税款的，由税务机关发出限期缴纳税款通知书，责令缴纳或者解缴税款的最长期限不得超过15日。

3. 建立欠税清缴制度，防止税款流失

（1）扩大了阻止出境对象的范围。《征管法》第44条规定："欠缴税款的纳税人及其法定代表需要出境的，应当在出境前向税务机关结清应纳税款、滞纳金或者提供担保。未结清税款、滞纳金，又不提供担保的，税务机关可以通知出境管理机关阻止其出境。"

（2）建立改制纳税人欠税的清缴制度。《征管法》第48条规定："纳税人有合并、分立情形的，应当向税务机关报告，并依法缴清税款。纳税人合并时未缴清税款的，应当由合并后的纳税人继续履行未履行的纳税义务；纳税人分立时未缴清税款的，分立后的纳税人对未履行的纳税义务应当承担连带责任。"

（3）大额欠税处分财产报告制度。根据《征管法》第49条和《征管法实施细则》第77条的规定，欠缴税款数额在5万元以上的纳税人，在处分其不动产或者大额资产之前，应当向税务机关报告。这一规定有利于税务机关及时掌握欠税企业处置不动产和大额资产的动向。税务机关可以根据其是否侵害了国家税收、是否有转移资产、逃避纳税义务的情形，决定是否行使税收优先权，是否采取税收保全措施或者强制执行措施。

（4）税务机关可以对欠缴税款的纳税人行使代位权、撤销权。根据《征管法》第50条的规定，欠缴税款的纳税人因怠于行使到期债权，或者放弃到期债权，或者无偿转让财产，或者以明显不合理的低价转让财产而受让人知道该情形，对国家税收造成损害的，税务机关可以依照《中华人民共和国合同法》行使代位权、撤销权。税务机关依照前款规定行使代位权、撤销权的，不免除欠缴税款的纳税人尚未履行的纳税义务和应承担的法律责任。

（5）建立欠税公告制度。根据《征管法》第45条和《征管法实施细则》第76条的规定，税务机关应当对纳税人欠缴税款的情况，在办税场所或者广播、电视、报纸、期刊、网络等新闻媒体上定期予以公告。同时税务机关还可以根据实际情况和实际需要，制定纳税人的纳税信用等级评比制度。

（十一）税款的退还和追征制度

1. 税款的退还

《征管法》第51条规定："纳税人超过应纳税额缴纳的税款，税务机关发现后应当立即退还；纳税人自结算缴纳税款之日起3年内发现的，可以向税务机关要求退还多缴的税款并加算银行同期存款利息，税务机关及时查实后应当立即退还；涉及从国库中退库的，依照法律、行政法规中有关国库管理的规定退还。"

2. 税款的追征

《征管法》第52条规定："因税务机关的责任，致使纳税人、扣缴义务人未缴或者少缴税款的，税务机关在3年内可以要求纳税人、扣缴义务人补缴税款，但是不得加收滞纳金。因纳税人、扣缴义务人计算错误等失误，未缴或者少缴税款的，税务机关在 3 年内可以追征税款、滞纳金；有特殊情况的，追征期可以延长到 5 年。对偷税、抗税、骗税的，税务机关追征其未缴或者少缴的税款、滞纳金或者所骗取的税款，不受前款规定期限的限制。"

（十二）税款入库制度

审计机关、财政机关依法进行审计、检查时，对税务机关的税收违法行为做出的决定，税务机关应当执行；发现被审计、检查单位有税收违法行为的，向被审计、检查单位下达决定、意见书，责成被审计、检查单位向税务机关缴纳应当缴纳的税款、滞纳金。税务机关应当根据有关机关的决定、意见书，依照税收法律、行政法规的规定，将应收的税款、滞纳金按照国家规定的税收征收管理范围和税款入库预算级次缴入国库。

税务机关应当自收到审计机关、财政机关的决定、意见书之日起 30 日内将执行情况书面回复审计机关、财政机关。

有关机关不得将其履行职责过程中发现的税款、滞纳金自行征收入库或者以其他款项的名义自行处理、占压。

第七节 税务检查

一、税务检查的形式

（一）重点检查

重点检查指对公民举报、上级机关交办或有关部门转来的有偷税行为或偷税嫌疑的，纳税申报与实际生产经营情况有明显不符的纳税人及有普遍逃税行为的行业的检查。

（二）分类计划检查

分类计划检查指根据纳税人历来纳税情况、纳税人的纳税规模及税务检查间隔时间的长短等综合因素，按事先确定的纳税人分类、计划检查时间及检查频率而进行的检查。

（三）集中性检查

集中性检查指税务机关在一定时间、一定范围内，统一安排、统一组织的税务检查，这种检查一般规模比较大，如以前年度的全国范围内的税收、财务大检查就属于这类检查。

（四）临时性检查

临时性检查指由各级税务机关根据不同的经济形势、偷逃税趋势、税收任务完成情况等综合因素，在正常的检查计划之外安排的检查。例如，行业性解剖、典型调查性的检查等。

（五）专项检查

专项检查指税务机关根据税收工作实际，对某一税种或税收征收管理某一环节进行的检查。例如，增值税一般纳税专项检查、漏征漏管户专项检查等。

二、税务检查的方法

（一）全查法

全查法是对被查纳税人一定时期内所有会计凭证、账簿、报表及各种存货进行全面、系统检查的一种方法。

（二）抽查法

抽查法是对被查纳税人一定时期内的会计凭证、账簿、报表及各种存货，抽取一部分进行检查的一种方法。

（三）顺查法

顺查法与逆查法对称，是对被查纳税人按照其会计核算的顺序，依次检查会计凭证、账簿、报表，并将其相互核对的一种检查方法。

（四）逆查法

逆查法与顺查法对称，指逆会计核算的顺序，依次检查会计报表、账簿及凭证，并将其相互核对的一种稽查方法。

（五）现场检查法

现场检查法与调账检查法对称，指税务机关派人员到被查纳税人的机构办公地点对其账务资料进行检查的一种方法。

（六）调账检查法

调账检查法与现场检查法对称，指将被查纳税人的账务资料调到税务机关进行检查的一种方法。

（七）比较分析法

比较分析法是将被查纳税人检查期有关财务指标的实际完成数进行纵向或横向比较，分析其异常变化情况，从中发现纳税问题线索的一种方法。

（八）控制计算法

控制计算法也称逻辑推算法，指根据被查纳税人财务数据的相互关系，用可靠或科学测定的数据，验证其检查期账面记录或申报的资料是否正确的一种检查方法。

（九）审阅法

审阅法指对被查纳税人的会计账簿、凭证等账务资料，通过直观地审查阅览，发现在纳税方面存在问题的一种检查方法。

（十）核对法

核对法指通过对被查纳税人的各种相关联的会计凭证、账簿、报表及实物进行相互核对，验证其在纳税方面存在问题的一种检查方法。

（十一）观察法

观察法指通过被查纳税人的生产经营场所、仓库、工地等现场，实地观察看其生产经营及存货等情况，以发现纳税问题或验证账中可疑问题的一种检查方法。

（十二）外调法

外调法指对被查纳税人有怀疑或已掌握一定线索的经济事项，通过向与其有经济联系的单位或个人进行调查，予以查证核实的一种方法。

（十三）盘存法

盘存法指通过对被查纳税人的货币资金、存货及固定资产等实物进行盘点清查，核实其账实是否相符，进而发现纳税问题的一种检查方法。

（十四）交叉稽核法

国家为加强增值税专用发票管理，应用计算机将开出的增值税专用发票抵扣联与存根联进行交叉稽核，以查出虚开及假开发票行为，避免国家税款流失。目前这种方法通过

"金税工程"体现，对利用增值税专用发票偷逃税款行为起到了极大的遏制作用。

三、税务检查的职责

（1）税务机关有权进行下列税务检查：①检查纳税人的账簿、记账凭证、报表和有关资料，检查扣缴义务人代扣代缴、代收代缴税款账簿、记账凭证和有关资料；②到纳税人的生产、经营场所和货物存放地检查纳税人应纳税的商品、货物或者其他财产，检查扣缴义务人与代扣代缴、代收代缴税款有关的经营情况；③责成纳税人、扣缴义务人提供与纳税或者代扣代缴、代收代缴税款有关的文件、证明材料和有关资料；④询问纳税人、扣缴义务人与纳税或者代扣代缴、代收代缴税款有关的问题和情况；⑤到车站、码头、机场、邮政企业及其分支机构检查纳税人托运、邮寄应纳税商品、货物或者其他财产的有关单据、凭证和资料；⑥经县以上税务局（分局）局长批准，凭全国统一格式的检查存款账户许可证明，查询从事生产、经营的纳税人、扣缴义务人在银行或者其他金融机构的存款账户。税务机关在调查税收违法案件时，经设区的市、自治州以上税务局（分局）局长批准，可以查询案件涉嫌人员的储蓄存款。税务机关查询所获得的资料，不得用于税收以外的用途。

（2）税务机关对从事生产、经营的纳税人以前纳税期的纳税情况依法进行税务检查时，发现纳税人有逃避纳税义务的行为，并有明显的转移、隐匿其应纳税的商品、货物、其他财产或者应纳税收入的迹象的，可以按照批准权限采取税收保全措施或者强制执行措施。

（3）纳税人、扣缴义务人必须接受税务机关依法进行的税务检查，如实反映情况，提供有关资料，不得拒绝、隐瞒。

（4）税务机关依法进行税务检查时，有权向有关单位和个人调查纳税人、扣缴义务人和其他当事人与纳税或者代扣代缴、代收代缴税款有关的情况，有关单位和个人有义务向税务机关如实提供有关资料及证明材料。

（5）税务机关调查税务违法案件时，对与案件有关的情况和资料，可以记录、录音、录像、照相和复制。

（6）税务机关派出的人员进行税务检查时，应当出示税务检查证和税务检查通知书，并有责任为被检查人保守秘密；未出示税务检查证和税务检查通知书的，被检查人有权拒绝检查。

2
CHAPTER

第二章
纳税申报实例操作

第一节　增值税纳税申报

一、征税机关

增值税属于中央与地方共享税，其所得属于中央政府和地方政府的共同收入。纳税人进口货物，由海关代征增值税，该增值税为中央税，其收入全部归中央政府所有。其他增值税部分，中央政府分享 75%，地方政府分享 25%，其中省市分享 12.5%，地市分享 12.5%。

增值税由国家税务局负责征收管理，进口货物的增值税由海关代征，即国家税务局和海关对增值税有管辖权。纳税人必须按照国家税务局的要求进行纳税申报，进口货物的纳税人必须按照海关的要求进行报关纳税。本节按照国家税务局征收管理的要求，分增值税一般纳税人纳税申报实例操作和增值税小规模纳税人纳税申报实例操作进行讲解，由海关代征增值税的纳税申报在关税纳税申报一节中与关税纳税申报、海关代征消费税纳税申报一并讲解。

二、征缴方法

国家税务总局对各省、自治区、直辖市的国家税务局实行垂直领导，纳税申报要求一致，尽管不同地区增值税纳税申报表的格式稍有差异，填列内容也有所不同，因计算税款所依据的税收法律规定及方法相同，最终应纳税额应当一致。本节以北京市国家税务局的增值税纳税申报表为例进行讲解。

纳税人向国家税务局申报的方式主要有自行到税务局提交纳税申报材料、邮寄纳税申报材料、网上申报纳税材料和 IC 卡申报纳税材料。纳税申报后，纳税人根据国家税务局的税收缴款书从银行基本账户划账或者到银行缴纳现金。为了快速准确进行纳税申报、让税款及时缴入国库，目前国家税务局已经强制很多地区增值税纳税人通过网络或者 IC 卡进行电子申报，对其他地区正在倡导增值税纳税人进行电子申报，当然还有些地区采用上门申报和邮寄申报的方式。

需要说明的是，从网上申报和 IC 卡申报增值税，也必须到税务机关提交增值税纳税申报表、附列资料及财务报表等增值税纳税申报要求报送的资料。

三、增值税一般纳税人纳税申报实例操作

增值税一般纳税人纳税申报是指增值税一般纳税人依照税收法律法规规定或主管税务

机关依法确定的申报期限，向主管税务机关办理增值税纳税申报的业务。

纳税人无论有无销售额，均应按主管税务机关核定的纳税期填报纳税申报表，并于次月1日起15日内，向当地税务机关申报纳税并结清上月应纳税款。

（一）基本规定

根据《征管法》、《中华人民共和国增值税暂行条例》（以下简称《增值税暂行条例》）及《中华人民共和国发票管理办法》的有关规定，国家税务总局制定了以下增值税一般纳税人纳税申报办法。

（1）凡增值税一般纳税义务人（以下简称一般纳税人）均按本办法进行纳税申报。

（2）纳税申报资料：

①增值税纳税申报表（适用于增值税一般纳税人）、增值税纳税申报表附列资料（表一）、（表二）和固定资产进项税额抵扣情况表。

②附报资料。包括：a. 已开具的增值税专用发票和普通发票存根联；b. 符合抵扣条件并且在本期申报抵扣的增值税专用发票抵扣联；c. 海关进口货物完税凭证的复印件；d. 运输发票复印件（如果取得的运费发票数量较多，经县级国家税务局批准，可只附报单份票面金额在一定数额以上的运输发票复印件）；e. 收购凭证的存根联或报查联；f. 收购农产品的普通发票复印件；g. 主管税务机关要求报送的其他资料。

经营规模大的纳税人，如上述附报资料很多，报送确有困难的，经县级国家税务局批准，由主管国家税务机关（以下简称税务机关）派人到企业审核。

（3）对确实不具备复印条件地区的一般纳税人，经县级国家税务局批准，可不报运输发票复印件。

（4）对增值税专用发票计算机交叉稽核试点地区的一般纳税人，应严格按规定逐票填写增值税专用发票使用明细表；对增值税专用发票计算机交叉稽核试点地区以外的一般纳税人，每月专用发票用票量特别大，金额又较小，逐笔登记确有困难的，经县级国家税务局批准，对整本专用发票中每单张票面销售额均在1 000元以下的，可按整本专用发票汇总登记增值税专用发票使用明细表。

（5）纳税人填写增值税专用发票使用明细表后，不再填写增值税专用发票计算机交叉稽核工作所要求填写的月份专用发票存根联汇总清单及月份专用发票抵扣联汇总清单。

（6）一般纳税人每月普通发票用票量特别大，金额又较小，逐笔登记确有困难的，经县级国家税务局批准，对整本普通发票中每单张票面销售额均在1 000元以下的，可按整本普通发票汇总登记增值税普通发票使用明细表。一般纳税人应按普通发票填开的顺序逐票填写增值税普通发票使用明细表，一张表格不够，可以在另一张表格内填写，直到一本普通发票登记完毕。如果一本普通发票登记完毕，增值税普通发票使用明细表有空格的，应在空格里画出横线。

（7）一般纳税人要按照《征管法实施细则》第23条的规定保管附报资料，即："账簿、会计凭证、报表、完税凭证及其他有关纳税资料应当保存10年。但是，法律、行政法规另有规定的除外。"

上述申报资料除报送电子数据外，还必须报送一式三份纸介的资料，对已实行电子申报的企业，纸介资料可用电脑自动生成打印，未实行电子申报的企业，可用手工填写。但无论用何种方式，必须加盖纳税人公章确认后报送主管税务机关。税务机关签收后，一份纳税人留存，一份主管税务机关留存，一份征收部门留存。

（二）增值税纳税申报表

以下用案例（表 2-1 至表 2-3）讲解填列增值税纳税申报表、增值税纳税申报表附列资料（表一）、（表二）和固定资产进项税额抵扣情况表，分别如表 2-4 至表 2-7 所示。

【例 2-1】 北京晓晓有限公司为生产性增值税一般纳税人，其法定代表人为马海涛，纳税人识别号为 110108104794941，开户银行为北京银行清河支行，账号为 01091060100120105009898，注册地址为北京市海淀区清河路 13 号，营业地址为北京市海淀区清河路 13 号，电话号码为 68378202。其增值税纳税期限为 1 个月。2012 年 12 月份生产经营情况如下：

（1）购买原材料取得防伪税控系统开具的增值税专用发票情况如表 2-1 所示；购买一台生产用固定资产取得防伪税控系统开具的增值税专用发票上注明的金额为 200 128.21 元，税额为 34 021.79 元；取得运输费结算单据 12 份，注明的金额为 34 500 元。上述增值税抵扣凭证均在法定期限内通过认证，并在本期全部申报抵扣进项税额。前期取得但尚未申报抵扣的防伪税控系统开具的增值税专用发票情况如表 2-2 所示。

表 2-1　　　　　　　本期取得防伪税控系统开具的增值税专用发票及认证情况表

金额单位：人民币元（列至角分）

发票代码	发票号码	开票日期	金额	税额	销货方纳税人识别号	认证日期
1100044170	10140803	20121203	23 584.91	4 009.43	130202551200269	20121228
1107353874	11830985	20121205	1 671.50	284.16	110297592730297	20121228
1308302859	14430852	20121210	1 461 935.04	248 528.96	110867565486754	20121228
1300237507	10327483	20121213	27 377.12	4 654.11	130023759274329	20121228
1108675655	12757438	20121214	29 634.88	5 037.93	110397592983697	20121228
1109237583	17239766	20121217	94 290.56	16 029.40	130793247298368	20121228
1109835028	12649878	20121225	9 546.67	1 622.93	130867567645380	20121228
1309769867	17547535	20121226	96 782.39	16 453.01	110967683647689	20121228

表 2-2　　　　　　　前期取得防伪税控系统开具的增值税专用发票及认证情况表

金额单位：人民币元（列至角分）

发票代码	发票号码	开票日期	金额	税额	销货方纳税人识别号	认证日期
1106867565	14453429	20121105	3 097.87	526.64	110987876785645	20121130
1108675646	16687545	20121127	96 782.39	16 453.01	110798678564530	20121130

（2）本期有 731 935.47 元的外购材料用于非增值税应税项目，其所负担的增值税税款为 124 429.03 元；19 400.29 元的外购材料发生非正常损失，其所负担的增值税税款为 3 298.05 元。

（3）本期销售产品并开具防伪税控系统的增值税专用发票情况如表 2-3 所示，其中号码为 10099544 的发票因开具发票形式不符合要求而作废，号码为 10099555 的发票为红字发票；销售产品开具增值税普通发票 2 张，注明的金额为 158 119.66 元，税额为 26 880.34 元；销售产品但未开具发票的金额为 3 350 元；因销售产品提供运输劳务开具普通发票 15 份，收取运费 56 590 元。

表 2-3 防伪税控系统开具的增值税专用发票情况表

金额单位：人民币元（列至角分）

发票代码	发票号码	开票日期	购货方纳税人识别号	金额	税额	备注
1100052170	10099543	20121203	120115600587351	75 835.90	12 892.10	
1100052170	10099544	20121203	130207740199991	93 846.15	15 953.85	作废
1100052170	10099545	20121204	130207740199991	93 846.15	15 953.85	
1100052170	10099546	20121205	130205740151103	11 965.81	2 034.19	
1100052170	10099547	20121206	130203723356385	16 907.69	2 874.31	
1100052170	10099548	20121206	130205740151103	1 794.87	305.13	
1100052170	10099549	20121211	130200715868540	1 615.38	274.61	
1100052170	10099550	20121212	110111175438697	154 358.97	26 241.02	
1100052170	10099551	20121213	110834735603093	115 961.54	19 713.46	
1100052170	10099552	20121214	110904759734856	180 384.62	30 665.39	
1100052170	10099553	20121217	110409573767003	116 153.84	19 746.15	
1100052170	10099554	20121218	13057264385766X	1 461.54	248.46	
1100052170	10099555	20121225	130209X7397502X	−25 777.78	−4 382.22	红字
1100052170	10099556	20121226	110498750328640	1 311.11	222.89	
1100052170	10099557	20121227	110049378598374	76 923.08	13 076.92	
1100052170	10099558	20121228	110038758735809	427 350.00	72 649.50	

（4）2012 年初未缴税额为 725 671.35 元；1 至 11 月份应税货物销售额为 9 042 526.98 元，应税劳务销售额为 296 997.12 元，销项税额为 1 587 719.10 元，进项税额为 781 416.48 元，其中申报抵扣固定资产进项税额为 102 340 元，应纳税额为 806 302.62 元；11 月末未缴税额为 134 383.77 元，于 2012 年 12 月份缴纳。

【解析】 根据上述资料，北京晓晓有限公司 2012 年 12 月份的增值税纳税申报如下：

（一）计算填列适用于增值税一般纳税人的增值税纳税申报表及其附列资料

1. 增值税纳税申报表附列资料（表一）（见表 2-5）

（1）防伪税控系统开具的增值税专用发票。

应税货物销售额＝75 835.90＋93 846.15＋11 965.81＋16 907.69＋1 794.87＋1 615.38＋154 358.97＋115 961.54＋180 384.62＋116 153.84＋1 461.54−25 777.78＋1 311.11＋76 923.08＋427 350.00＝1 250 092.72（元）

应税货物销项税额＝12 892.10＋15 953.85＋2 034.19＋2 874.31＋305.13＋274.61＋26 241.02＋19 713.46＋30 665.39＋19 746.15＋248.46−4 382.22＋222.89＋13 076.92＋72 649.50＝212 515.76（元）

（2）开具普通发票。

应税货物销售额＝158 119.66 元

应税货物销项税额＝26 880.34 元

应税劳务销售额＝56 590÷（1＋17％）＝48 367.52（元）

应税劳务销项税额＝48 367.52×17％＝8 222.48（元）

（3）未开具发票。

应税货物销售额＝3 350÷（1＋17％）＝2 863.25（元）

应税货物销项税额＝2 863.25×17％＝486.75（元）

（4）小计。

应税货物销售额小计＝1 250 092.72＋158 119.66＋2 863.25＝1 411 075.63（元）

应税货物销项税额小计＝212 515.76＋26 880.34＋486.75＝239 882.85（元）

（5）按适用税率征收增值税货物及劳务销售额和销项税额合计。

应税货物及劳务销售额合计＝1 411 075.63＋48 367.52＝1 459 443.15（元）

应税货物及劳务销项税额合计＝239 882.85＋8 222.48＝248 105.33（元）

2. 增值税纳税申报表附列资料（表二）（见表2-6）

（1）申报抵扣的进项税额。

①认证相符的防伪税控增值税专用发票。

本期认证相符且本期申报抵扣金额＝23 584.91＋1 671.50＋1 461 935.04＋27 377.12＋29 634.88＋94 290.56＋9 546.67＋96 782.39＋200 128.21＝1 944 951.28（元）

本期认证相符且本期申报抵扣进项税额＝4 009.43＋284.16＋248 528.96＋4 654.11＋5 037.93＋16 029.40＋1 622.93＋16 453.01＋34 021.79＝330 641.72（元）

前期认证相符且本期申报抵扣金额＝3 097.87＋96 782.39＝99 880.26（元）

前期认证相符且本期申报抵扣进项税额＝526.64＋16 453.01＝16 979.65（元）

防伪税控增值税专用发票申报抵扣金额＝1 944 951.28＋99 880.26＝2 044 831.54（元）

防伪税控增值税专用发票申报抵扣进项税额＝330 641.72＋16 979.65＝347 621.37（元）

②非防伪税控增值税专用发票及其他扣税凭证。

运输费用结算单据抵扣金额＝34 500元

运输费用结算单据抵扣进项税额＝34 500×7％＝2 415（元）

非防伪税控增值税专用发票及其他扣税凭证抵扣金额＝34 500元

非防伪税控增值税专用发票及其他扣税凭证抵扣进项税额＝2 415元

③当期申报抵扣合计。

当期申报抵扣金额合计＝2 044 831.54＋34 500＝2 079 331.54（元）

当期申报抵扣进项税额合计＝347 621.37＋2 415＝350 036.37（元）

（2）进项税额转出额。

非应税项目、集体福利、个人消费用原材料的金额＝731 935.47元

非应税项目、集体福利、个人消费用原材料负担的进项税额＝124 429.03元

非正常损失原材料的金额＝19 400.29元

非正常损失原材料负担的进项税额＝3 298.05元

需转出进项税额的材料金额＝731 935.47＋19 400.29＝751 335.76（元）

本期进项税转出额合计＝124 429.03＋3 298.05＝127 727.08（元）

（3）其他。

本期认证相符的全部防伪税控增值税专用发票金额＝1 944 951.28元

本期认证相符的全部防伪税控增值税专用发票税额＝330 641.72元

3. 增值税纳税申报表（见表 2-4）

（1）一般货物及劳务的本月数。

①销售额（见表 2-5）。

应税货物销售额＝1 411 075.63 元

应税劳务销售额＝48 367.52 元

按适用税率征税货物及劳务销售额＝1 411 075.63＋48 367.52＝1 459 443.15（元）

②税款计算。

销项税额＝应税货物及劳务销项税额合计＝248 105.33 元（见表 2-5）

进项税额＝当期申报抵扣进项税额合计＝350 036.37 元（见表 2-6）

进项税额转出＝127 727.08 元（见表 2-6）

应抵扣税额合计＝350 036.37－127 727.08＝222 309.29（元）

实际抵扣税额＝222 309.29 元

应纳税额＝248 105.33－222 309.29＝25 796.04（元）

应纳税额合计＝25 796.04 元

③税款缴纳。

期初未缴税额＝134 383.77 元

本期已缴税额＝本期缴纳上期应纳税额＝134 383.77 元

期末未缴税额＝应纳税额合计＋期初未缴税额－本期已缴税额＝25 796.04＋134 383.77－134 383.77＝25 796.04（元）

本期应补（退）税额＝应纳税额合计－分次预缴税额－出口开具专用缴款书预缴税额＝25 796.04－0.00－0.00＝25 796.04（元）

（2）一般货物及劳务的本年累计。

①销售额。

应税货物销售额＝9 042 526.98＋1 411 075.63＝10 453 602.61（元）

应税劳务销售额＝296 997.12＋48 367.52＝345 364.64（元）

按照适用税率征税货物及劳务销售额＝10 453 602.61＋345 364.64＝10 798 967.25（元）

②税款计算。

销项税额＝1 587 719.10＋248 105.33＝1 835 824.43（元）

进项税额＝781 416.48＋350 036.37＝1 131 452.85（元）

进项税额转出＝127 727.08 元

实际抵扣税额＝进项税额－进项税额转出＝1 131 452.85－127 727.08＝781 416.48＋222 309.29＝1 003 725.77（元）

应纳税额＝1 835 824.43－1 003 725.77＝806 302.62＋25 796.04＝832 098.66（元）

应纳税额合计＝832 098.66 元

③税款缴纳。

期初未缴税额＝725 671.35 元

本期已缴税额＝本期缴纳上期应纳税额＝725 671.35＋806 302.62＝1 531 973.97（元）

期末未缴税额＝应纳税额合计＋期初未缴税额－本期已缴税额＝832 098.66＋725 671.35－1 531 973.97＝25 796.04（元）

表 2-4 　　　　　　　　　　　　　　　**增值税纳税申报表**

（适用于增值税一般纳税人）

根据《中华人民共和国增值税暂行条例》第 22 条和第 23 条的规定制定本表。纳税人不论有无销售额，均应按主管税务机关核定的纳税期限按期填报本表，并于次月 1 日起 15 日内，向当地税务机关申报。

税款所属时间：自 2012 年 12 月 01 日至 2012 年 12 月 31 日　　　　　填表日期：2013 年 01 月 09 日

纳税人识别号 `1 1 0 1 0 8 1 0 4 7 9 4 9 4 1`　　　　所属行业：工业　金额单位：人民币元（列至角分）

纳税人名称	北京晓晓有限公司（公章）	法定代表人姓名	马海涛	注册地址	北京市海淀区清河路 13 号	营业地址	北京市海淀区清河路 13 号
开户银行及账号	北京银行清河支行 0109106010012010 5009898	企业登记注册类型		有限责任公司		电话号码	68378202

项 目		栏 次	一般货物及劳务		即征即退货物及劳务	
			本月数	本年累计	本月数	本年累计
销售额	（一）按适用税率征税货物及劳务销售额	1	1 459 443.15	10 798 967.25	0.00	0.00
	其中：应税货物销售额	2	1 411 075.63	10 453 602.61	0.00	0.00
	应税劳务销售额	3	48 367.52	345 364.64	0.00	0.00
	纳税检查调整的销售额	4	0.00	0.00	0.00	0.00
	（二）按简易征收办法征税货物销售额	5	0.00	0.00	0.00	0.00
	其中：纳税检查调整的销售额	6	0.00	0.00	0.00	0.00
	（三）免、抵、退办法出口货物销售额	7	0.00	0.00	—	—
	（四）免税货物及劳务销售额	8	0.00	0.00	—	—
	其中：免税货物销售额	9	0.00	0.00	—	—
	免税劳务销售额	10	0.00	0.00	—	—
税款计算	销项税额	11	248 105.33	1 835 824.43	0.00	0.00
	进项税额	12	350 036.37	1 131 452.85	0.00	0.00
	上期留抵税额	13	0.00	—	0.00	—
	进项税额转出	14	127 727.08	127 727.08	0.00	0.00
	免、抵、退货物应退税额	15	0.00	0.00	—	—
	按适用税率计算的纳税检查应补缴税额	16	0.00	0.00	—	—
	应抵扣税额合计	17＝12＋13－14－15＋16	222 309.29	—	0.00	—
	实际抵扣税额	18（如 17＜11，则为 17，否则为 11）	222 309.29	1 003 725.77	0.00	0.00
	应纳税额	19＝11－18	25 796.04	832 098.66	0.00	0.00
	期末留抵税额	20＝17－18	0.00	—	0.00	—
	按简易征收办法计算的应纳税额	21	0.00	0.00	0.00	0.00
	按简易征收办法计算的纳税检查应补缴税额	22	0.00	0.00	—	—
	应纳税额减征额	23	0.00	0.00	0.00	0.00
	应纳税额合计	24＝19＋21－23	25 796.04	832 098.66	0.00	0.00

续表

项 目		栏 次	一般货物及劳务		即征即退货物及劳务	
			本月数	本年累计	本月数	本年累计
税款缴纳	期初未缴税额（多缴为负数）	25	134 383.77	725 671.35	0.00	0.00
	实收出口开具专用缴款书退税额	26	0.00	0.00	—	—
	本期已缴税额	27＝28＋29＋30＋31	134 383.77	1 531 973.97	0.00	0.00
	①分次预缴税额	28	0.00	—	0.00	—
	②出口开具专用缴款书预缴税额	29	0.00	—	—	—
	③本期缴纳上期应纳税额	30	134 383.77	1 531 973.97	0.00	0.00
	④本期缴纳欠缴税额	31	0.00	—	0.00	—
	期末未缴税额（多缴为负数）	32＝24＋25＋26－27	25 796.04	25 796.04	0.00	0.00
	其中：欠缴税额（≥0）	33＝25＋26－27	0.00	—	0.00	—
	本期应补（退）税额	34＝24－28－29	25 796.04	—	0.00	—
	即征即退实际退税额	35	—	—	0.00	0.00
	期初未缴查补税额	36	0.00	0.00	—	—
	本期入库查补税额	37	0.00	0.00	—	—
	期末未缴查补税额	38＝16＋22＋36－37	0.00	0.00	—	—
授权声明	如果你已委托代理人申报，请填写下列资料： 为代理一切税务事宜，现授权 （地址） 为本纳税人的代理申报人，任何与本申报表有关的往来文件，都可寄予此人。 授权人签字：	申报人声明	此纳税申报表是根据《中华人民共和国增值税暂行条例》的规定填报的，我相信它是真实的、可靠的、完整的。 声明人签字：			

以下由税务机关填写：

收到日期： 接收人： 主管税务机关盖章：

填表说明

（一）适用范围

本申报表适用于增值税一般纳税人填报。增值税一般纳税人销售按简易办法缴纳增值税的货物，也使用本表。

（二）有关项目填表说明

1. 表头项目

（1）本表"税款所属时间"是指纳税人申报的增值税应纳税额的所属期间，应填写具体的起止年、月、日。

（2）本表"填表日期"指纳税人填写本表的具体日期。

（3）本表"纳税人识别号"栏，填写税务机关为纳税人确定的识别号，即税务登记证号码。

（4）本表"所属行业"栏，按照国民经济行业分类与代码中的最细项（小类）进行填写（国民经济行业分类与代码略），仅填写行业代码。

（5）本表"纳税人名称"栏，填写纳税人单位名称全称，不得填写简称，应加盖纳税人单位公章。

（6）本表"法定代表人姓名"栏，填写纳税人法人代表的姓名。

（7）本表"注册地址"栏，填写纳税人税务登记证所注明的详细地址。

（8）本表"营业地址"栏，填写纳税人营业地的详细地址。

（9）本表"开户银行及账号"栏，填写纳税人开户银行的名称和纳税人在该银行的结算账户号码。

（10）本表"企业登记注册类型"栏，按税务登记证填写。

（11）本表"电话号码"栏，填写纳税人注册地和经营地的电话号码。

2. 本表"销售额"项目

表中"一般货物及劳务"是指享受即征即退的货物及劳务以外的其他货物及劳务。"即征即退货物及劳务"是指纳税人按照税法规定享受即征即退税收优惠政策的货物及劳务。

（1）本表第 1 项"（一）按适用税率征税货物及劳务销售额"栏数据，填写纳税人本期按适用税率缴纳增值税的应税货物和应税劳务的销售额（销售退回的销售额用负数表示）。包括在财务上不作销售但按税法规定应缴纳增值税的视同销售货物和价外费用销售额，外贸企业作价销售进料加工复出口的货物，税务、财政、审计部门检查按适用税率计算调整的销售额。"一般货物及劳务"的"本月数"栏数据与"即征即退货物及劳务"的"本月数"栏数据之和，应等于增值税纳税申报表附列资料（表一）（见表2-5）第 7 栏的"小计"中的"销售额"数。"本年累计"栏数据，应为年度内各月数之和。

（2）本表第 2 项"应税货物销售额"栏数据，填写纳税人本期按适用税率缴纳增值税的应税货物的销售额（销货退回的销售额用负数表示）。包括在财务上不作销售但按税法规定应缴纳增值税的视同销售货物和价外费用销售额，以及外贸企业作价销售进料加工复出口的货物。"一般货物及劳务"的"本月数"栏数据与"即征即退货物及劳务"的"本月数"栏数据之和，应等于增值税纳税申报表附列资料（表一）第 5 栏的"应税货物"中17％税率"销售额"与 13％税率"销售额"的合计数。"本年累计"栏数据，应为年度内各月数之和。

（3）本表第 3 项"应税劳务销售额"栏数据，填写纳税人本期按适用税率缴纳增值税的应税劳务的销售额。"一般货物及劳务"的"本月数"栏数据与"即征即退货物及劳务"的"本月数"栏数据之和，应等于增值税纳税申报表附列资料（表一）第 5 栏的"应税劳务"中的"销售额"数。"本年累计"栏数据，应为年度内各月数之和。

（4）本表第 4 项"纳税检查调整的销售额"栏数据，填写纳税人本期因税务、财政、审计部门检查并按适用税率计算调整的应税货物和应税劳务的销售额。但享受即征即退税收优惠政策的货物及劳务经税务稽查发现偷税的，不得填入"即征即退货物及劳务"部分，而应将本部分销售额在"一般货物及劳务"栏中反映。"一般货物及劳务"的"本月数"栏数据与"即征即退货物及劳务"的"本月数"栏数据之和，应等于增值税纳税申报表附列资料（表一）第 6 栏的"小计"中的"销售额"数。"本年累计"栏数据，应为年度内各月数之和。

（5）本表第 5 项"（二）按简易征收办法征税货物销售额"栏数据，填写纳税人本期按简易征收办法征收增值税货物的销售额（销货退回的销售额用负数表示）。包括税务、财政、审计部门检查并按简易征收办法计算调整的销售额。"一般货物及劳务"的"本月数"栏数据与"即征即退货物及劳务"的"本月数"栏数据之和，应等于增值税纳税申报表附列资料（表一）第14栏的"小计"中的"销售额"数。"本年累计"数据，应为年度内各月数之和。

（6）本表第6项"纳税检查调整的销售额"栏数据，填写纳税人本期因税务、财政、审计部门检查并按简易征收办法计算调整的销售额。但享受即征即退税收优惠政策的货物及劳务经税务稽查发现偷税的，不得填入"即征即退税收货物及劳务"部分，而应将本部分销售额在"一般货物及劳务"栏中反映。"一般货物及劳务"的"本月数"栏数据与"即征即退货物及劳务"的"本月数"栏数据之和，应等于增值税纳税申报表附列资料（表一）第13栏的"小计"中的"销售额"数。"本年累计"栏数据，应为年度内各月数之和。

（7）本表第7项"（三）免、抵、退办法出口货物销售额"栏数据，填写纳税人本期执行免、抵、退办法出口货物销售额（销货退回的销售额用负数表示）。"本年累计"栏数据，应为年度内各月数之和。

（8）本表第8项"（四）免税货物及劳务销售额"栏数据，填写纳税人本期按照税法规定直接免征增值税的货物及劳务的销售额及适用零税率的货物及劳务的销售额（销货退回的销售额用负数表示），但不包括适用免、抵、退办法出口货物销售额。"一般货物及劳务"的"本月数"栏数据，应等于增值税纳税申报表附列资料（表一）第18栏的"小计"中的"销售额"数。"本年累计"栏数据，应为年度内各月数之和。

（9）本表第9项"免税货物销售额"栏数据，填写纳税人本期按照税法规定直接免征增值税货物的销售额及适用零税率货物的销售额（销货退回的销售额用负数表示），但不包括适用免、抵、退办法出口货物销售额。"一般货物及劳务"的"本月数"栏数据，应等于增值税纳税申报表附列资料（表一）第18栏的"免税货物"中的"销售额"数。"本年累计"栏数据，应为年度内各月数之和。

（10）本表第10项"免税劳务销售额"栏数据，填写纳税人本期按照税法规定直接免征增值税劳务的销售额及适用零税率劳务的销售额（销货退回的销售额用负数表示）。"一般货物及劳务"的"本月数"栏数据，应等于增值税纳税申报表附列资料（表一）第18栏的"免税劳务"中的"销售额"数。"本年累计"栏数据，应为年度内各月数之和。

3. 本表"税款计算"项目

（1）本表第11项"销项税额"栏数据，填写纳税人本期按适用税率计征的销项税额。该数据应与"应交税费——应交增值税"明细科目贷方"销项税额"专栏本期发生数一致。"一般货物及劳务"的"本月数"栏数据与"即征即退货物及劳务"的"本月数"栏数据之和，应等于增值税纳税申报表附列资料（表一）第7栏的"小计"中的"销项税额"数。"本年累计"栏数据，应为年度内各月数之和。

（2）本表第12项"进项税额"栏数据，填写纳税人本期申报抵扣的进项税额。该数据应与"应交税费——应交增值税"明细科目借方"进项税额"专栏本期发生数一致。"一般货物及劳务"的"本月数"栏数据与"即征即退货物及劳务"的"本月数"栏数据之和，应等于增值税纳税申报表附列资料（表二）第12栏中的"税额"数。"本年累计"

栏数据，应为年度内各月数之和。

（3）本表第 13 项"上期留抵税额"栏数据，为纳税人前一期申报的"期末留抵税额"数，该数据应与"应交税费——应交增值税"明细科目借方月初余额一致。

（4）本表第 14 项"进项税额转出"栏数据，填写纳税人已经抵扣但按税法规定应作进项税额转出的进项税额总数，但不包括销售折扣、折让以及进货退出等应负数冲减当期进项税额的数额。该数据应与"应交税费——应交增值税"明细科目贷方"进项税额转出"专栏本期发生数一致。"一般货物及劳务"的"本月数"栏数据与"即征即退货物及劳务"的"本月数"栏数据之和，应等于增值税纳税申报表附列资料（表二）第 13 栏的"税额"数。"本年累计"栏数据，应为年度内各月数之和。

（5）本表第 15 项"免、抵、退货物应退税额"栏数据，填写退税机关按照出口货物免、抵、退办法审批的应退税额。"本年累计"栏数据，应为年度内各月数之和。

（6）本表第 16 项"按适用税率计算的纳税检查应补缴税额"栏数据，填写纳税人本期因税务、财政、审计部门检查并按适用税率计算的纳税检查补缴税额。"本年累计"栏数据，应为年度内各月数之和。

（7）本表第 17 项"应抵扣税额合计"栏数据，填写纳税人本期应抵扣进项税额的合计数。

（8）本表第 18 项"实际抵扣税额"栏数据，填写纳税人本期实际抵扣的进项税额。"本年累计"栏数据，应为年度内各月数之和。

（9）本表第 19 项按适用税率计算的"应纳税额"栏数据，填写纳税人在本期按适用税率计算并应缴纳的增值税额。"本年累计"栏数据，应为年度内各月数之和。

（10）本表第 20 项"期末留抵税额"栏数据，为纳税人在本期销项税额中尚未抵扣完，留待下期继续抵扣的进项税额。该数据应与"应交税费——应交增值税"明细科目借方月末余额一致。

（11）本表第 21 项"按简易征收办法计算的应纳税额"栏数据，填写纳税人本期按简易征收办法计算并应缴纳的增值税；但不包括按简易征收办法计算的纳税检查应补缴税额。"一般货物及劳务"的"本月数"栏数据与"即征即退货物及劳务"的"本月数"栏数据之和，应等于增值税纳税申报表附列资料（表一）第 12 栏的"小计"中的"应纳税额"数。"本年累计"栏数据，应为年度内各月数之和。

（12）本表第 22 项"按简易征收办法计算的纳税检查应补缴税额"栏数据，填写纳税人本期因税务、财政、审计部门检查并按简易征收办法计算的纳税检查应补缴税额。"一般货物及劳务"的"本月数"栏数据与"即征即退货物及劳务"的"本月数"栏数据之和，应等于增值税纳税申报表附列资料（表一）第 13 栏的"小计"中的"应纳税额"数。"本年累计"栏数据，应为年度内各月数之和。

（13）本表第 23 项"应纳税额减征额"栏数据，填写纳税人本期按照税法规定减征的增值税应纳税额。"本年累计"栏数据，应为年度内各月数之和。

（14）本表第 24 项"应纳税额合计"栏数据，填写纳税人本期应缴增值税的合计数。"本年累计"栏数据，应为年度内各月数之和。

4. 本表"税款缴纳"项目

（1）本表第 25 项"期初未缴税额（多缴为负数）"栏数据，为纳税人前一申报期的"期末未缴税额（多缴为负数）"。

（2）本表第 26 项"实收出口开具专用缴款书退税额"栏数据，填写纳税人本期实际收到税务机关退回的，因开具出口货物税收专用缴款书而多缴的增值税款。该数据应根据"应交税费——应交增值税"明细科目贷方本期发生额中"收到税务机关退回的多缴增值税款"数据填列。"本年累计"栏数据，应为年度内各月数之和。

（3）本表第 27 项"本期已缴税额"栏数据，是指纳税人本期实际缴纳的增值税额，但不包括本期入库的查补税款。本年累计"栏数据，应为年度内各月数之和。

（4）本表第 28 项"①分次预缴税额"栏数据，填写纳税人本期分次预缴的增值税额。

（5）本表第 29 项"②出口开具专用缴款书预缴税额"栏数据，填写纳税人本期销售出口货物而开具专用缴款书向主管税务机关预缴的增值税额。

（6）本表第 30 项"③本期缴纳上期应纳税额"栏数据，填写纳税人本期上缴上期应缴未缴的增值税款，包括缴纳上期按简易征收办法计提的应缴未缴的增值税额。"本年累计"栏数据，应为年度内各月数之和。

（7）本表第 31 项"④本期缴纳欠缴税额"栏数据，填写纳税人本期实际缴纳的增值税欠税额，但不包括缴纳入库的查补增值税额。"本年累计"栏数据，应为年度内各月数之和。

（8）本表第 32 项"期末未缴税额（多缴为负数）"栏数据，为纳税人本期期末应缴未缴的增值税额，但不包括纳税检查应缴未缴的税额。"本年累计"栏与"本月数"栏数据相同。

（9）本表第 33 项"欠缴税额（≥0）"栏数据，为纳税人按税法规定已形成欠税的数额。

（10）本表第 34 项"本期应补（退）税额"栏数据，为纳税人本期应纳税额中应补缴或应退回的数额。

（11）本表第 35 项"即征即退实际退税额"栏数据，填写纳税人本期因符合增值税即征即退优惠政策规定，而实际收到的税务机关返还的增值税额。"本年累计"栏数据，应为年度内各月数之和。

（12）本表第 36 项"期初未缴查补税额"栏数据，为纳税人前一申报期的"期末未缴查补税额"。该数据与本表第 25 项"期初未缴税额（多缴为负数）"栏数据之和，应与"应交税费——应交增值税"明细科目期初余额一致。"本年累计"栏数据，应填写纳税人上年度末的"期末未缴查补税额"数。

（13）本表第 37 项"本期入库查补税额"栏数据，填写纳税人本期因税务、财政、审计部门检查而实际入库的增值税款，包括按适用税率计算并实际缴纳的查补增值税款和按简易征收办法计算并实际缴纳的查补增值税款。"本年累计"栏数据，应为年度内各月数之和。

（14）本表第 38 项"期末未缴查补税额"栏数据，为纳税人纳税检查本期期末应缴未缴的增值税额。该数据与本表第 32 项"期末未缴税额（多缴为负数）"栏数据之和，应与"应交税费——应交增值税"明细科目期初余额一致。"本年累计"栏与"本月数"栏数据相同。

表 2-5

增值税纳税申报表附列资料（表一）

(本期销售情况明细)

纳税人名称：(公章) 北京晓晓有限公司

税款所属时间：2012 年 12 月

填表日期：2013 年 01 月 09 日

金额单位：人民币元（列至角分）

一、按适用税率征收增值税货物及劳务的销售额和销项税额明细

项 目	栏 次	应税货物						应税劳务			小 计		
		17%税率			13%税率								
		份数	销售额	销项税额	份数	销售额	销项税额	份数	销售额	销项税额	份数	销售额	销项税额
防伪税控系统开具的增值税专用发票	1	15	1 250 092.72	212 515.76	0	0.00	0.00	0	0.00	0.00	15	1 250 092.72	212 515.76
非防伪税控系统开具的增值税专用发票	2	—	—	—	—	—	—	—	—	—	—	—	—
开具普通发票	3	2	158 119.66	26 880.34	0	0.00	0.00	15	48 367.52	8 222.48	17	206 487.18	35 102.82
未开具发票	4	—	2 863.25	486.75	—	0.00	0.00	—	0.00	0.00	—	2 863.25	486.75
小计	5=1+2+3+4	—	1 411 075.63	239 882.85	—	0.00	0.00	—	48 367.52	8 222.48	—	1 459 443.15	248 105.33
纳税检查调整	6	—	0.00	0.00	—	0.00	0.00	—	0.00	0.00	—	0.00	0.00
合计	7=5+6	—	1 411 075.63	239 882.85	—	0.00	0.00	—	48 367.52	8 222.48	—	1 459 443.15	248 105.33

续表

二、简易征收办法征收增值税货物的销售额和应纳税额明细

项　目	栏　次	6%征收率			4%征收率			小　计		
		份数	销售额	应纳税额	份数	销售额	应纳税额	份数	销售额	应纳税额
防伪税控系统开具的增值税专用发票	8	0	0.00	0.00	0	0.00	0.00	0	0.00	0.00
非防伪税控系统开具的增值税专用发票	9	—	—	—	—	—	—	—	—	—
开具普通发票	10	0	0.00	0.00	0	0.00	0.00	0	0.00	0.00
未开具发票	11	—	0.00	0.00	—	0.00	0.00	—	0.00	0.00
小计	12=8+9+10+11	—	0.00	0.00	—	0.00	0.00	—	0.00	0.00
纳税检查调整	13	—	0.00	0.00	—	0.00	0.00	—	0.00	0.00
合计	14=12+13	—	0.00	0.00	—	0.00	0.00	—	0.00	0.00

三、免征增值税货物及劳务销售额明细

项　目	栏　次	免税货物			免税劳务			小　计		
		份数	销售额	应纳税额	份数	销售额	应纳税额	份数	销售额	应纳税额
防伪税控系统开具的增值税专用发票	15	0	0.00	0.00	—	—	—	0	0.00	0.00
开具普通发票	16	0	0.00	—	0	0.00	0.00	0	0.00	—
未开具发票	17	—	0.00	—	—	0.00	—	—	0.00	—
合计	18=15+16+17	—	0.00	0.00	—	0.00	—	—	0.00	0.00

注：(1) 第1、8、15栏均为含税销售额—发票数据；
(2) 第2、9栏"非防伪税控系统开具的增值税专用发票"不再填写。

填表说明

（一）表头项目

1. 本表"税款所属时间"是指纳税人申报的增值税应纳税额的所属期间，应填写具体的起止年、月。

2. 本表"填表日期"指纳税人填写本表的具体日期。

3. 本表"纳税人名称"栏，填写纳税人单位名称全称，不得填写简称，应加盖纳税人单位公章。

（二）本表"一、按适用税率征收增值税货物及劳务的销售额和销项税额明"项目

1. 本表第1项"防伪税控系统开具的增值税专用发票"、第2项"非防伪税控系统开具的增值税专用发票"、第3项"开具普通发票"、第4项"未开具发票"各栏数据，均应包括销货退回或折让、视同销售货物、价外费用的销售额和销项税额；但不包括免税货物及劳务的销售额，适用零税率货物及劳务的销售额和出口执行免、抵、退办法的销售额以及税务、财政、审计部门检查并调整的销售额、销项税额或应纳税额。

2. 本表第6项"纳税检查调整"栏数据，填写纳税人本期因税务、财政、审计部门检查计算调整的应税货物、应税劳务的销售额、销项税额或应纳税额。

（三）本表"二、简易征收办法征收增值税货物的销售额和应纳税额明细"项目

1. 本表第8项"防伪税控系统开具的增值税专用发票"、第9项"非防伪税控系统开具的增值税专用发票"、第10项"开具普通发票"、第11项"未开具发票"各栏数据，均应包括销货退回或折让、视同销售货物、价外费用的销售额和销项税额；但不包括免税货物及劳务的销售额，适用零税率货物及劳务的销售额和出口执行免、抵、退办法的销售额以及税务、财政、审计部门检查并调整的销售额、销项税额或应纳税额。

2. 本表第13项"纳税检查调整"栏数据，填写纳税人本期因税务、财政、审计部门检查计算调整的应税货物、应税劳务的销售额、销项税额或应纳税额。

（四）本表"三、免征增值税货物及劳务销售额明细"项目

本表第15项"防伪税控系统开具的增值税专用发票"栏数据，填写本期因销售免税货物而使用防伪税控系统开具的增值税专用发票的份数、销售额和税额，包括国有粮食收储企业销售的免税粮食、政府储备食用植物油等。

表 2-6 　　　　　　　　　　**增值税纳税申报表附列资料（表二）**

（本期进项税额明细）

税款所属时间：2012 年 12 月

纳税人名称：（公章）北京晓晓有限公司　填表日期：2013 年 01 月 09 日

金额单位：人民币元（列至角分）

一、申报抵扣的进项税额				
项　目	栏次	份数	金　额	税　额
（一）认证相符的防伪税控增值税专用发票	1	11	2 044 831.54	347 621.37
其中：本期认证相符且本期申报抵扣	2	9	1 944 951.28	330 641.72
前期认证相符且本期申报抵扣	3	2	99 880.26	16 979.65
（二）非防伪税控增值税专用发票及其他扣税凭证	4	12	34 500.00	2 415.00
其中：海关进口增值税专用缴款书	5	0	0.00	0.00
农产品收购发票或者销售发票	6	0	0.00	0.00

续表

项 目	栏次	份数	金额	税额
废旧物资发票	7	—	—	—
运输费用结算单据	8	12	34 500.00	2 415.00
6%征收率	9	—	—	—
4%征收率	10	—	—	—
（三）外贸企业进项税额抵扣证明	11	—		0.00
当期申报抵扣进项税额合计	12	23	2 079 331.54	350 036.37
二、进项税额转出额				
项 目	栏次	份数	金额	税额
本期进项税转出额	13	2	751 335.76	127 727.08
其中：免税货物用	14	0	0.00	0.00
非应税项目、集体福利、个人消费用	15	1	731 935.47	124 429.03
非正常损失	16	1	19 400.29	3 298.05
按简易征收办法征税货物用	17	0	0.00	0.00
免、抵、退税办法出口货物不得抵扣进项税额	18	0	0.00	0.00
纳税检查调减进项税额	19	0	0.00	0.00
未经认证已抵扣的进项税额	20	0	0.00	0.00
红字专用发票通知单注明的进项税额	21	0	0.00	0.00
三、待抵扣进项税额				
项 目	栏次	份数	金额	税额
（一）认证相符的防伪税控增值税专用发票	22	—	—	—
期初已认证相符但未申报抵扣	23	2	99 880.26	16 979.65
本期已认证相符且本期未申报抵扣	24	0	0.00	0.00
期末已认证相符但未申报抵扣	25	0	0.00	0.00
其中：按照税法规定不允许抵扣	26	0	0.00	0.00
（二）非防伪税控增值税专用发票及其他扣税凭证	27	0	0.00	0.00
其中：海关进口增值税专用缴款书	28	0	0.00	0.00
农产品收购发票或者销售发票	29	0	0.00	0.00
废旧物资发票	30	—	—	—
运输费用结算单据	31	0	0.00	0.00
6%征收率	32	—	—	—
4%征收率	33	—	—	—
	34			
四、其他				
项 目	栏次	份数	金额	税额
本期认证相符的全部防伪税控增值税专用发票	35	9	1 944 951.28	330 641.72
期初已征税款挂账额	36	—	—	0.00
期初已征税款余额	37	—	—	0.00
代扣代缴税额	38	—	—	0.00

注：第1栏＝第2栏＋第3栏＝第23栏＋第35栏－第25栏；第2栏＝第35栏－第24栏；第3栏＝第23栏＋第24栏－第25栏；第4栏＝第5栏至第10栏之和；第12栏＝第1栏＋第4栏＋第11栏；第13栏＝第14栏至第21栏之和；第27栏＝第28栏至第34栏之和。

填表说明

（一）表头项目

1. 本表"税款所属时间"是指纳税人申报的增值税应纳税额的所属时间，应填写具体的起止年、月。

2. 本表"填表日期"指纳税人填写本表的具体日期。

3. 本表"纳税人名称"栏，填写纳税人单位名称全称，不得填写简称，应加盖纳税人单位公章。

（二）本表"一、申报抵扣的进项税额"项目

本表"一、申报抵扣的进项税额"部分各栏数据，分别填写纳税人按税法规定符合抵扣条件，在本期申报抵扣的进项税额情况。

1. 本表第1栏"（一）认证相符的防伪税控增值税专用发票"，填写本期申报抵扣的认证相符的防伪税控增值税专用发票情况，包括认证相符的红字防伪税控增值税专用发票，也包括机动车销售统一发票和税务机关代开的增值税专用发票数据。应等于第2栏"本期认证相符且本期申报抵扣"与第3栏"前期认证相符且本期申报抵扣"数据之和。

2. 本表第2栏"本期认证相符且本期申报抵扣"，填写本期认证相符本期申报抵扣的防伪税控增值税专用发票情况，也包括机动车销售统一发票和税务机关代开的增值税专用发票数据，应与第35栏"本期认证相符的全部防伪税控增值税专用发票"减第24栏"本期已认证相符且本期未申报抵扣"后的数据相等。

3. 本表第3栏"前期认证相符且本期申报抵扣"，填写为前期认证相符本期申报抵扣的防伪税控增值税专用发票和机动车销售统一发票情况；辅导期纳税人由税务机关告知的稽核比对结果通知书及明细清单注明的稽核相符专用发票、核查结果中允许抵扣的专用发票和机动车销售统一发票的份数、金额、税额。该项应与第23栏"期初已认证相符但未申报抵扣"加第24栏"本期已认证相符且本期未申报抵扣"减第25栏"期末已认证相符但未申报抵扣"后数据相等。

4. 本表第4栏"（二）非防伪税控增值税专用发票及其他扣税凭证"，填写本期申报抵扣的非防伪税控增值税专用发票及其他扣税凭证情况，应等于第5栏至第10栏之和。

5. 本表第5栏"海关进口增值税专用缴款书"，辅导期纳税人第5栏填写本月税务机关告知的稽核比对结果通知书及其明细清单注明的稽核相符海关进口增值税专用缴款书、核查结果中允许抵扣的海关进口增值税专用缴款书的份数、金额、税额。

6. 本表第7栏"废旧物资发票"，自2009年5月1日起不再填写。

7. 本表第8栏"运输费用结算单据"，辅导期纳税人第8栏填写税务机关告知的稽核比对结果通知书及其明细清单注明的稽核相符运输费用结算单据、核查结果中允许抵扣的运输费用结算单据的份数、金额、税额。

8. 本表第9栏"6%征收率"不再填写。

9. 本表第10栏"4%征收率"不再填写。

10. 本表第11栏"（三）外贸企业进项税额抵扣证明"，其"税额"栏填写税务机关出口退税部门开具的外贸企业出口视同内销征税货物进项税额抵扣证明允许抵扣的进项税额。

11. 本表第12栏"当期申报抵扣进项税额合计"应等于第1栏、第4栏、第11栏之和。

（三）本表"二、进项税额转出额"项目

本表"二、进项税额转出额"部分填写纳税人已经抵扣但按税法规定应作进项税额转出的明细情况，但不包括销售折扣、折让以及销货退回等应负数冲减当期进项税额的情况。

1. 本表第 13 栏"本期进项税转出额"应等于第 14 栏至第 21 栏之和。

2. 本表第 15 栏"非应税项目、集体福利、个人消费用",填写用于非增值税应税项目、集体福利或者个人消费的购进货物或者应税劳务转出的进项税额。

3. 本表第 21 栏"红字专用发票通知单注明的进项税额",填写纳税人按照主管税务机关开具的开具红字增值税专用发票通知单中"需要做进项税额转出"的税额。

（四）本表"三、待抵扣进项税额"项目

本表"三、待抵扣进项税额"部分各栏数据,分别填写纳税人已经取得,但按税法规定不符合抵扣条件,暂不予在本期申报抵扣的进项税额情况及按照税法规定不允许抵扣的进项税额情况。

1. 本表第 23 栏"期初已认证相符但未申报抵扣",填写为前期认证相符,但按照税法规定,暂不予抵扣,结存至本期的防伪税控增值税专用发票和机动车销售统一发票;辅导期纳税人认证相符但未收到稽核比对结果的防伪税控增值税专用发票和机动车销售统一发票月初余额数。该项应与上期"期末已认证相符但未申报抵扣"栏数据相等。

2. 本表第 24 栏"本期已认证相符且本期未申报抵扣",填写为本期认证相符,但因按照税法规定暂不予抵扣及按照税法规定不允许抵扣,而未申报抵扣的防伪税控增值税专用发票和机动车销售统一发票,包括外贸企业购进供出口的货物。辅导期纳税人填写本月已认证相符但未收到稽核比对结果的防伪税控增值税专用发票和机动车销售统一发票数据。

3. 本表第 25 栏"期末已认证相符但未申报抵扣",填写为截至本期期末,按照税法规定仍暂不予抵扣及按照税法规定不允许抵扣且已认证相符的防伪税控增值税专用发票和机动车销售统一发票情况;辅导期纳税人填写已认证相符但未收到稽核比对结果的防伪税控增值税专用发票和机动车销售统一发票月末余额数。

4. 本表第 26 栏"其中:按照税法规定不允许抵扣",填写期末已认证相符但未申报抵扣的防伪税控增值税专用发票和机动车销售统一发票中,按照税法规定不允许抵扣,而只能作为出口退税凭证或应列入成本、资产等项目的防伪税控增值税专用发票和机动车销售统一发票。包括外贸出口企业用于出口而采购货物的防伪税控增值税专用发票等。

5. 本表第 28 栏"其中:海关进口增值税专用缴款书",辅导期纳税人第 28 栏填写本月未收到稽核比对结果的海关进口增值税专用缴款书。

6. 本表第 30 栏"废旧物资发票",自 2009 年 5 月 1 日起不再填写。

7. 本表第 31 栏"运输费用结算单据",辅导期纳税人第 31 栏填写本月未收到稽核比对结果的运输费用结算单据数据。

8. 本表第 32 栏"6%征收率"不再填写。

9. 本表第 33 栏"4%征收率"不再填写。

（五）本表"四、其他"项目

本表"四、其他"栏中"本期认证相符的全部防伪税控增值税专用发票"项指标,包含机动车销售统一发票和税务机关代开的增值税专用发票,应与防伪税控认证子系统中的本期全部认证相符的防伪税控增值税专用发票数据相同。"代扣代缴税额"项指标的填写依据为《中华人民共和国增值税暂行条例》第 18 条。

（六）说明

本表所称的"本期进项税额明细"均包括固定资产进项税额。

表 2-7　　　　　　　　　　　固定资产进项税额抵扣情况表

纳税人识别号：110108104794941

纳税人名称（公章）：北京晓晓有限公司　　　填表日期：2013 年 01 月 09 日

金额单位：人民币元（列至角分）

项　　目	栏次	当期申报抵扣的固定资产进项税额	当期申报抵扣的固定资产进项税额累计
增值税专用发票	1	34 021.79	136 361.79
海关进口增值税专用缴款书	2	0.00	0.00
合　　计	3	34 021.79	136 361.79

注：本表一式两份，一份纳税人留存，一份主管税务机关留存。

填表说明

（一）表头项目

1. 本表"纳税人识别号"栏，填写税务机关为纳税人确定的识别号，即税务登记证号码。

2. 本表"纳税人名称"栏，填写纳税人单位名称全称，不得填写简称，应加盖纳税人单位公章。

3. 本表"填表日期"，指纳税人填写本表的具体日期。

（二）有关项目填表说明

1. 本表所称的固定资产，是指新购进的要抵扣的所有固定资产。

2. 本表第 3 栏的合计必须是第 1 栏和第 2 栏之和，增值税专用发票栏填写当期认证并申报抵扣的进项税额（辅导期企业要比对相符并申报后在抵扣当月才能填入此表）。海关进口增值税专用缴款书栏填写当期采集并申报抵扣的进项税额（辅导期企业要比对相符并申报后在抵扣当月才能填入此表）。

（二）汇算清缴应纳增值税税款

汇算清缴 2012 年 12 月 1 日至 12 月 31 日应纳的增值税税款 25 796.04 元。

<table>
<tr><td colspan="9" align="center">中华人民共和国
税收通用缴款书　　　　（201212）京国缴电　№ 0652256　　国</td></tr>
<tr><td colspan="5">隶属关系：地市</td><td colspan="4">缴款书号码：11309000384470924</td></tr>
<tr><td colspan="3">注册类型：私营有限责任公司</td><td colspan="2">填发日期：2013年01月09日</td><td colspan="4">征收机关：海淀区国税第三税务所</td></tr>
</table>

	代　码	110108104794941	预算科目	编码		101010106	
缴款单位（人）	全　称	北京晓晓有限公司		名称		私营企业增值税	
	开户银行	北京银行清河支行		级次		中央75% 省市12.5% 地市12.5%	
	账　号	01091060100120105009898		收款国库		工商海淀分理处	

缴款所属时期：　2012-12-01至31　　　　税款限缴日期：2013年01月15日

品目名称	课税数量	计税金额或销售收入	税率或单位税额	已缴或扣除额	实缴金额
工业（17%）		1459443.15	0.17	222309.29	¥25796.04
金额合计	（大写）计贰万伍仟柒佰玖拾陆元零肆分				¥25796.04

缴款单位（人）（盖章）经办人（章）	税务机关（盖章）经办人（章）	上列款项已收妥并划转收款单位账户国库（银行）盖章 2013年01月09日	备注：

逾期不缴按税法规定加收滞纳金

中华人民共和国
税收通用缴款书

(201212) 京国缴电　No.0652256　国

隶属关系：地市　　　　　　　　　　　　　　　　　　缴款书号码：11309000384470924

注册类型：私营有限责任公司　　　填发日期：2013年01月09日　　　征收机关：海淀区国税第三税务所

缴款单位（人）	代码	110108104794941	预算科目	编码	101010106
	全称	北京晓晓有限公司		名称	私营企业增值税
	开户银行	北京银行清河支行		级次	中央75% 省市12.5% 地市12.5%
	账号	010910601001201 05009898		收款国库	工商海淀分理处

缴款所属时期：　2012-12-01至31　　　　税款限缴日期：　2013年01月15日

品目名称	课税数量	计税金额或销售收入	税率或单位税额	已缴或扣除额	实缴金额
工业（17%）		1459443.15	0.17	222309.29	¥25796.04
金额合计	（大写）计贰万伍仟柒佰玖拾陆元零肆分				¥25796.04

| 缴款单位（人）（盖章）经办人（章） | 税务机关（盖章）经办人（章） | 上列款项已收妥并划转收款单位账户　国库（银行）盖章　2013年01月09日 | 备注： |

逾期不缴按税法规定加收滞纳金

右侧竖排文字：第二联，（付款银行作借方传票）缴款单位（人）的支付
左侧竖排文字：无银行收讫章无效

北京银行电子缴税付款凭证

北京银行　　　转账日期：2013年01月09日　凭证字号：2013010957256302　　　　凭证

纳税人全称及纳税人识别号：北京晓晓有限公司 110108104794941

付款人全称：北京晓晓有限公司　　　　　　　征收机关名称：北京市海淀区国家税务局

付款人账号：010910601001201 05009898　　收款国库（银行）名称：国家金库北京市海淀区金库（代理）

付款人开户银行：北京银行清河支行　　　　　缴款书交易流水号：11309000384470924

小写（合计）金额：¥25796.04　　　　　　　税票号码：11309000384470924

大写（合计）金额：贰万伍仟柒佰玖拾陆元零肆分　　税款限缴日期：　2013年01月15日

税（费）种名称	所属日期	实缴金额
增值税	20121201-20121231	¥25796.04

第一次打印　　　　　　　　　　　　　　　打印时间：2013年01月09日11时20分

(14.85公分×21公分)　第二联　　作付款回单（无银行收讫章无效）　　复核　　记账

四、增值税小规模纳税人纳税申报实例操作

　　增值税小规模纳税人按简易征税管理办法计算纳税，按照规定的纳税期限预缴增值税税款，并在次月1日起15日内计算填列适用小规模纳税人的增值税纳税申报表（见表2-8）进行纳税申报，结清上月应纳税款，多退少补。报送纳税申报表的同时附当期资产负债表和利润表等财务报表。

　　【例2-2】 北京佳佳有限公司为商业企业，属于增值税小规模纳税人，适用的征收率为3%。其纳税人识别号为110108767505678，开户行为中国建设银行上地支行，账号为010910601001201 05006056。其增值税纳税期限为1个月。2012年12月份购销业务情况如下：

　　（1）销售服装，取得现金18 640元，其中：税务机关代开的增值税专用发票注明的金额为8 330.10元，税额为249.90元；开具增值税普通发票注明的金额为4 601.94元，税

额为 138.06 元。

（2）销售化妆品，取得银行存款 12 750 元，其中：开具增值税普通发票注明的金额为 5 883.50 元，税额为 176.50 元。

（3）经税务机关检查须调整的销售额为 3 476 元，应纳增值税额 104.28 元。

（4）2012 年 1 月至 11 月份销售货物销售额 197 421 元，应纳增值税税额 5 922.63 元，其中：税务机关代开的增值税专用发票注明的金额为 10 905 元，税额为 327.15 元；开具增值税普通发票注明的金额为 9 506 元，税额为 285.18 元。

【解析】 根据上述资料，北京佳佳有限公司 2012 年 12 月份的增值税纳税申报如下：

（一）计算填列适用于小规模纳税人的增值税纳税申报表

表 2-8　　　　　　　　　　　**增值税纳税申报表**

（适用于小规模纳税人）

纳税人识别号：| 1 | 1 | 0 | 1 | 0 | 8 | 7 | 6 | 7 | 5 | 0 | 5 | 6 | 7 | 8 | | | |

纳税人名称（公章）：北京佳佳有限公司　　　　　　　金额单位：人民币元（列至角分）

税款所属期：2012 年 12 月 01 日至 2012 年 12 月 31 日　　　填表日期：2013 年 01 月 09 日

	项　目	栏　次	本期数	本年累计
一、计税依据	（一）应征增值税货物及劳务不含税销售额	1	33 951.73	231 372.73
	其中：税务机关代开的增值税专用发票不含税销售额	2	8 330.10	19 235.10
	税控器具开具的普通发票不含税销售额	3	10 485.44	19 991.44
	（二）销售使用过的应税固定资产不含税销售额	4	—	—
	其中：税控器具开具的普通发票不含税销售额	5	—	—
	（三）免税货物及劳务销售额	6	0.00	0.00
	其中：税控器具开具的普通发票销售额	7	0.00	0.00
	（四）出口免税货物销售额	8	0.00	0.00
	其中：税控器具开具的普通发票销售额	9	0.00	0.00
二、税款计算	本期应纳税额	10	1 018.55	6 941.18
	本期应纳税额减征额	11	0.00	0.00
	应纳税额合计	12＝10－11	1 018.55	6 941.18
	本期预缴税额	13	249.90	—
	本期应补（退）税额	14＝12－13	768.65	—

纳税人或代理人声明	如纳税人填报，由纳税人填写以下各栏：	
此纳税申报表是根据国家税收法律的规定填报的，我确定它是真实的、可靠的、完整的。	办税人员（签章）：	财务负责人（签章）：
	法定代表人（签章）：	联系电话：
	如委托代理人填报，由代理人填写以下各栏：	
	代理人名称：　　　　　经办人（签章）：	联系电话：
	代理人（公章）：	

受理人：　　　　　受理日期：　　年　月　日　　　受理税务机关（签章）：

注：本表为 A3 竖式一式三份，一份纳税人留存，一份主管税务机关留存，一份征收部门留存。

填表说明

《国家税务总局关于做好增值税普通发票一窗式票表比对准备工作的通知》（国税发

〔2005〕141号）所附的增值税纳税申报表（适用于小规模纳税人）（以下简称小规模纳税人申报表）及其填表说明按以下要求填写：

1. 小规模纳税人申报表的"本月数"调整为"本期数"。小规模纳税人申报表填表说明中涉及"本月数"的均改为"本期数"。

2. 小规模纳税人申报表第4、5栏不再填写，其对应的填表说明一并取消。

（二）汇算清缴应纳增值税税款

汇算清缴2012年12月1日至12月31日应纳的增值税税款768.65元。

附：

中华人民共和国税收通用缴款书

(201212) 京国缴电　No 0652256 国

隶属关系：地市					缴款书号码：113090005844709246	
注册类型：私营有限责任公司		填发日期：2013年01月09日		征收机关：海淀区第九税务所		

缴款单位（人）	代码	110108767505678	预算科目	编码	101010106
	全称	北京佳佳有限公司		名称	私营企业增值税
	开户银行	中国建设银行上地支行		级次	中央75% 省市12.5%地市12.5%
	账号	01091060100120105006056		收款国库	工商海淀分理处

缴款所属时期： 2012-12-01至31　　税款限缴日期：2013年01月15日

品目名称	课税数量	计税金额或销售收入	税率或单位税额	已缴或扣除额	实缴金额
商业（3%）		33951.73	0.03	249.90	¥768.65
金额合计	（大写）计柒佰陆拾捌元陆角伍分				¥768.65

缴款单位（人）（盖章）经办人（章）	税务机关（盖章）经办人（章）	上列款项已收妥并划转收款单位账户　国库（银行）盖章 2013年01月09日	备注：

逾期不缴按税法规定加收滞纳金

中华人民共和国税收通用缴款书

(201212) 京国缴电　No 0652256 国

隶属关系：地市　缴款书号码：11309000584470926

注册类型：私营有限责任公司　填发日期：2013年01月09日　征收机关：海淀区第九税务所

缴款单位（人）
代码　110108767505678
全称　北京佳佳有限公司
开户银行　中国建设银行上地支行
账号　01091060100120105006056

预算科目
编码　101010106
名称　私营企业增值税
级次　中央75% 省市12.5%地市12.5%
收款国库　工商海淀分理处

缴款所属时期：2012-12-01至31　税款限缴日期：2013年01月15日

品目名称	课税数量	计税金额或销售收入	税率或单位税额	已缴或扣除额	实缴金额
商业（3%）		33951.73	0.03	249.90	¥768.65
金额合计	（大写）计柒佰陆拾捌元陆角伍分				¥768.65

缴款单位（人）（盖章）经办人（章）　税务机关（盖章）经办人（章）　上列款项已收妥并划转收款单位账户　国库（银行）盖章 2013年01月09日　备注：

逾期不缴按税法规定加收滞纳金

中国建设银行电子缴税付款凭证

| 中国建设银行 | 转账日期：2013年01月09日 凭证字号：2013010957256310 | 凭证 |

纳税人全称及纳税人识别号：北京佳佳有限公司 110108767505678

付款人全称：北京佳佳有限公司	征收机关名称：北京市海淀区国家税务局
付款人账号：010910601001220105006056	收款国库（银行）名称：国家金库北京市海淀区金库（代理）
付款人开户银行：中国建设银行上地支行	缴款书交易流水号：11309000584470926
小写（合计）金额：¥768.65	税票号码：11309000584470926
大写（合计）金额：柒佰陆拾捌元陆角伍分	税款限缴日期： 2013年01月15日

税（费）种名称	所属日期	实缴金额
增值税	20121201-20121231	¥768.65

第一次打印 打印时间：2013年01月09日14时20分

（14.85公分×21公分） 第二联 作付款回单（无银行收讫章无效） 复核 记账

第二节　消费税纳税申报

一、征税机关

消费税属于中央税，其所得属于中央政府的收入，由国家税务局负责征收管理。纳税人进口应税消费品，由海关代征消费税，其收入全部归中央政府所有。消费税由国家税务局征收管理，进口应税消费品的消费税由海关代征，即国家税务局和海关对消费税有管辖权。

二、征缴方法

纳税人必须按照国家税务局的要求进行纳税申报，进口应税消费品的纳税人必须按照海关的要求进行报关纳税。本节以国家税务局征收管理的消费税纳税申报为例进行讲解。由海关代征消费税的纳税申报，在关税纳税申报一节中与关税纳税申报和海关代征增值税纳税申报一并讲解。

国家税务总局对各省、自治区、直辖市的国家税务局实行垂直领导，纳税申报要求一致，尽管不同地区消费税纳税申报表的格式稍有差异，填列内容也有所不同，因计算税款所依据的税收法律规定及方法相同，最终应纳税额应当一致。因此本节以北京市国家税务局消费税纳税申报表为例进行讲解。

纳税人向国家税务局申报的方式主要有直接申报、邮寄申报、网上申报和IC卡申报等。纳税申报后，纳税人根据税务局打印的或者自己从税务局网上打印的税收缴款书从银行基本账户划账或者到银行缴纳现金。

三、消费税纳税申报实例操作

消费税纳税人应按《消费税暂行条例》有关规定及时办理纳税申报，并如实填写消费税纳税申报表，如表2-9所示。

【例2-3】 北京华艺卷烟厂为生产性增值税一般纳税人，其纳税人识别号为110108104794948，开户行为中国建设银行上地支行，账号为01091060100120105002036。其消费税纳税期限为1个月。2012年12月份生产经营情况如下：

（1）期初库存外购烟丝金额为10 234元，当期外购烟丝金额为103 648元，期末库存烟丝金额为5 698元。所领用烟丝全部用于生产加工卷烟。

（2）委托加工烟丝已纳消费税税款期初余额为5 970元，当期收回委托加工烟丝已纳税款为32 743元，期末库存委托加工烟丝已纳税款为15 000元。所领用烟丝全部用于生产加工卷烟。

（3）销售甲类卷烟30标准箱（50 000支/标准箱），开具增值税专用发票注明价款为672 340元，增值税款为114 297.80元。

（4）2012年年初应纳消费税款为316 005元。

（5）2012年11月份，应纳消费税款为322 000元，于2012年12月份缴纳。

（6）2012年1至11月份，卷烟应纳消费税款为1 860 318元，烟丝准予扣除外购应税消费品已纳税款为194 731.20元，烟丝准予扣除委托加工应税消费品已纳税款为118 565元。

（7）烟丝适用的消费税税率为30%，甲类卷烟适用的消费税税率为56%加0.003元/支。

【解析】 根据上述资料，北京华艺卷烟厂2012年12月份的消费税纳税申报如下：

（一）计算填列消费税纳税申报表

12月份卷烟应纳消费税＝应税销售额×适用税率＋应税销售数量×单位税额＝672 340×56%＋50 000×0.003×30＝381 010.4（元）

1至12月份卷烟应纳消费税累计＝1 860 318＋381 010.4＝2 241 328.4（元）

12月份烟丝当期准予扣除外购应税消费品已纳税款＝（期初库存外购应税消费品买价＋当期购进外购应税消费品买价－期末库存外购应税消费品买价）×外购应税消费品适用税率＝（10 234＋103 648－5 698）×30%＝108 184×30%＝32 455.2（元）

1至12月份烟丝准予扣除外购应税消费品已纳税款＝194 731.2＋32 455.2＝227 186.4（元）

12月份烟丝当期准予扣除委托加工应税消费品已纳税款＝期初库存委托加工应税消费品已纳税款＋当期收回委托加工应税消费品已纳税款－期末库存委托加工应税消费品已纳税款＝5 970＋32 743－15 000＝23 713（元）

1至12月份烟丝准予扣除委托加工应税消费品已纳税款＝118 565＋23 713＝142 278（元）

12月份烟丝应纳消费税＝－烟丝当期准予扣除外购应税消费品已纳税款－烟丝当期准予扣除委托加工应税消费品已纳税款＝－32 455.2－23 713＝－56 168.2（元）

1至12月份烟丝应纳消费税＝－227 186.4－142 278＝－369 464.4（元）

12月份烟应纳消费税合计＝卷烟应纳消费税＋烟丝应纳消费税＝381 010.4－56 168.2＝324 842.2（元）

1至12月份烟应纳消费税合计＝2 241 328.4－369 464.4＝1 871 864（元）

1至12月份已纳消费税＝316 005＋1 860 318－194 731.2－118 565＝1 863 026.8（元）

截至上年底累计欠税额＝316 005元

表 2-9　　　　　　　　　　　　　　**消费税纳税申报表**

填表日期：2013 年 01 月 09 日

税款所属期限：2012 年 12 月 01 日至 2012 年 12 月 31 日

纳税人识别号：| 1 | 1 | 0 | 1 | 0 | 8 | 1 | 0 | 4 | 7 | 9 | 4 | 9 | 4 | 8 |

数量单位：支

金额单位：人民币元（列至角分）

应税消费品名称	适用税目	从价定率		从量定额		当期准予扣除外购应税消费品买价（数量）				外购应税消费品适用税率（单位税额）
		应税销售额	适用税率	应税销售数量	单位税额	合计	期初库存外购应税消费品买价（数量）	当期购进外购应税消费品买价（数量）	期末库存外购应税消费品买价（数量）	
1	2	3	4	5	6	7＝8＋9－10	8	9	10	11
卷烟	烟	672 340.00	56％	1 500 000	0.003					
烟丝	烟					108 184.00	10 234.00	103 648.00	5 698.00	30％
合计	—	672 340.00		1 500 000		108 184.00	10 234.00	103 648.00	5 698.00	—

应纳消费税		当期准予扣除外购应税消费品已纳税款	当期准予扣除委托加工应税消费品已纳税款			
本期	累计		合计	期初库存委托加工应税消费品已纳税款	当期收回委托加工应税消费品已纳税款	期末库存委托加工应税消费品已纳税款
17＝3×4＋5×6－12 或 3×4＋5×6－13 或 3×4＋5×6－12－13	18	12＝7×11	13＝14＋15－16	14	15	16
381 010.40	2 241 328.40					
－56 168.20	－369 464.40	32 455.20	23 713.00	5 970.00	32 743.00	15 000.00
324 842.20	1 871 864.00	32 455.20	23 713.00	5 970.00	32 743.00	15 000.00

已纳消费税		本期应补（退）税金额			
本期	累计	合计	上期结算税金额	补交本年度欠税	补交以前年度欠税
19	20	21＝17－19＋22＋23＋24	22	23	24
322 000.00	1 863 026.80	324 842.20	322 000.00	0.00	0.00

截至上年底累计欠税额	本年度新增欠税额	
	本期	累计
25	26	27
316 005.00	324 842.20	324 842.20

如纳税人填报，由纳税人填写以下各栏		如委托代理人填报，由代理人填写以下各栏			备注
会计主管（签章）	纳税人（公章）	代理人名称		代理人（公章）	
		代理人地址			
		经办人姓名	电话		
以下由税务机关填写					
收到申报表日期		接收人			

填表说明

1. 表中第 2 栏"适用税目"必须按照《中华人民共和国消费税暂行条例》规定的税

目填写。

2. 本表一式三联，第一联纳税人留存，第二联由主管税务机关留存，第三联税务机关作税收会计原始凭证。

（二）汇算清缴应纳消费税税款

汇算清缴 2012 年 12 月 1 日至 12 月 31 日应纳的消费税税款 324 842.20 元。

附：

中华人民共和国
税收通用缴款书　　　　　（201212）京国缴电　№ 0652256 国

| 隶属关系：地市 | | | | | 缴款书号码：11309000384470924 | | |
| 注册类型：私营有限责任公司 | | | 填发日期：2013年01月09日 | | 征收机关：海淀区国税第三税务所 | | |

缴款单位（人）	代　码	110108104794948	预算科目	编码	101020106	第一联（收据）国库（银行）收款盖章后 退缴款单位（人）作完税凭证
	全　称	北京华艺卷烟厂		名称	私营企业消费税	
	开户银行	中国建设银行上地支行		级次	中央100%	
	账　号	01091060100120105002036		收款国库	工商海淀分理处	

缴款所属时期：	2012-12-01至31		税款限缴日期：	2013年01月15日	
品目名称	课税数量	计税金额或销售收入	税率或单位税额	已缴或扣除额	实缴金额
卷烟（56%）	1500000	672340.00	0.56或0.003	56168.20	¥324842.20
金额合计	（大写）计叁拾贰万肆仟捌佰肆拾贰元贰角整				¥324842.20

缴款单位（人）（盖章）经办人（章）	税务机关（盖章）经办人（章）	上列款项已收妥并划转收款单位账户 国库（银行）盖章 2013年01月09日	备注：

无银行收讫章无效

逾期不缴按税法规定加收滞纳金

中华人民共和国
税收通用缴款书　　　　　（201212）京国缴电　№ 0652256 国

| 隶属关系：地市 | | | | | 缴款书号码：11309000384470924 | | |
| 注册类型：私营有限责任公司 | | | 填发日期：2013年01月09日 | | 征收机关：海淀区国税第三税务所 | | |

缴款单位（人）	代　码	110108104794948	预算科目	编码	101020106	第二联 开户银行作借方传票 缴款单位（人）的支付凭证
	全　称	北京华艺卷烟厂		名称	私营企业消费税	
	开户银行	中国建设银行上地支行		级次	中央100%	
	账　号	01091060100120105002036		收款国库	工商海淀分理处	

缴款所属时期：	2012-12-01至31		税款限缴日期：	2013年01月15日	
品目名称	课税数量	计税金额或销售收入	税率或单位税额	已缴或扣除额	实缴金额
卷烟（56%）	1500000	672340.00	0.56或0.003	56168.20	¥324842.20
金额合计	（大写）计叁拾贰万肆仟捌佰肆拾贰元贰角整				¥324842.20

缴款单位（人）（盖章）经办人（章）	税务机关（盖章）经办人（章）	上列款项已收妥并划转收款单位账户 国库（银行）盖章 2013年01月09日	备注：

无银行收讫章无效

逾期不缴按税法规定加收滞纳金

中国建设银行电子缴税付款凭证

中国建设银行	转账日期：2013年01月09日 凭证字号：2013010957256310	凭证

纳税人全称及纳税人识别号：北京华艺卷烟厂 110108104794948

付款人全称：北京华艺卷烟厂	征收机关名称：北京市海淀区国家税务局
付款人账号：0109106010012010500203	收款国库（银行）名称：国家金库北京市海淀区金库（代理）
付款人开户银行：中国建设银行上地支行	缴款书交易流水号：11309000584470918
小写（合计）金额：¥324842.20	税票号码：11309000584470918
大写（合计）金额：叁拾贰万肆仟捌佰肆拾贰元贰角整	税款限缴日期： 2013年01月15日

税（费）种名称	所属日期	实缴金额
消费税	20121201-20121231	¥324842.20

第一次打印	打印时间：2013年01月09日11时20分
（14.85公分×21公分） 第二联	作付款回单（无银行收讫章无效） 复核 记账

第三节 营业税纳税申报

一、征税机关

营业税属于中央与地方共享税，其所得属于中央政府和地方政府的共同收入。铁道部、各银行总行、各保险总公司集中缴纳的营业税部分归中央政府由国家税务局征收管理，其余部分归地方政府，由地方税务局征收管理。

二、征缴方法

营业税由国家税务局和地方税务局征收管理，纳税人必须按照国家税务局和地方税务局的要求进行纳税申报。本节以北京市地方税务局的营业税纳税申报表为例进行讲解。

纳税人申报纳税的方式主要有直接申报、邮寄申报、电子申报等。纳税申报后，纳税人根据税务局打印的、自己从网上打印的或者自己填写的税收缴款书从银行基本账户划账或者到银行缴纳现金。

三、营业税纳税申报实例操作

营业税纳税人应按《营业税暂行条例》有关规定及时办理纳税申报，并如实填写营业税纳税申报表，如表2-10所示。

【例2-4】 北京弗莱德旅游有限公司为营业税纳税人，其纳税人识别号为110108104894951000，纳税人计算机代码为06185881，开户行为中国建设银行清河支行，账号为0109106010012010501016。其营业税纳税期限为1个月。2012年12月，公司组织50人旅游团到大连旅游，每人收取旅游费1 300元，旅游中由公司支付每人房费250元、餐费200元、交通费400元、门票费用150元。

【解析】 根据上述资料，北京弗莱德旅游有限公司2012年12月份的营业税纳税申报如下：

（一）计算填列营业税纳税申报表

表 2-10　　　　　　　　　　　　　　**营业税纳税申报表**

填表日期：2013 年 01 月 09 日

纳税人识别号：│1│1│0│1│0│8│1│0│4│8│9│4│9│5│1│0│0│0│ │ │

金额单位：人民币元（列至角分）

纳税人名称		北京弗莱德旅游有限公司				税款所属时期		2012 年 12 月 01 日至 12 月 31 日			
项目	经营项目	营业额					税率	本　期			
		全部收入	不征税项目	减除项目	减免税项目	应税营业额		应纳税额	减免税额	已纳税额	应补(退)税额
1	2	3	4	5	6	7=3-4-5-6	8	9=7×8	10=6×8	11	12
服务业	旅游业	65 000.00	0.00	50 000.00	0.00	15 000.00	5%	750.00	0.00	0.00	750.00
合　计		65 000.00	0.00	50 000.00	0.00	15 000.00	—	750.00	0.00	0.00	750.00

如纳税人填报，由纳税人填写以下各栏		如委托代理人填报，由代理人填写以下各栏				备注
会计主管（签章）	纳税人（公章）	代理人名称		代理人（公章）		
		代理人地址				
		经办人姓名		电话		
以下由税务机关填写						
收到申报表日期				接收人		

填表说明

1. 本表适用于营业税纳税人填报。

2. "税款所属时期"指纳税人申报的营业税应纳税额的所属期间，应填写具体的起止年、月、日。

3. "填表日期"指纳税人填写本表的具体日期。

4. "纳税人识别号"，填写税务机关为纳税人确定的识别号。

5. "纳税人名称"，填写纳税人单位名称全称，不得填写简称。

6. "全部收入"，系指纳税人的全部收入。

7. "不征税项目"，系指税法规定的不属于营业税征税范围的营业额。

8. "减除项目"，系指税法规定允许从营业收入中扣除的项目的营业额。

9. "减免税项目"，系指税法规定的减免税项目的营业额。

（二）汇算清缴应纳营业税税款

汇算清缴 2012 年 12 月 1 日至 12 月 31 日应纳的营业税税款 750 元。

附：

北京市地方税务局票证专用 （2012） 京地电库： No 3829394
电子缴库专用缴款书

填发日期：2013年01月09日　　　　　　　　征收机关：海淀区地税清河税务所

☑已申报　　　申报序号：061858810909417766　　　□未申报

纳税人计算机代码	06185881	征收机关代码	21100000000
纳税人名称	北京弗莱德旅游有限公司	征收机关名称	北京市海淀区地方税务局
付款人名称	北京弗莱德旅游有限公司	收款国库名称	国家金库北京海淀区支库
付款人开户银行名称	中国建设银行清河支行	国库清算行号	011100000003
付款人账号	0109106010012010501 0116		

纳税项目名称	课税数量	计税金额	实缴金额
营业税		15000.00	750.00

金额合计（大写）：计柒佰伍拾元整　　　　　　　　金额合计（小写）：¥750.00

付款人盖章 经办人（章）	税务机关 （章）	银行 记账员　盖章	备注：

中国建设银行电子缴税付款凭证

中国建设银行　　转账日期：2013年01月09日　凭证字号：2013010957256304　　凭证

纳税人全称及纳税人计算机代码：北京弗莱德旅游有限公司 06185881

付款人全称：北京弗莱德旅游有限公司　　征收机关名称：北京市海淀区地方税务局

付款人账号：0109106010012010501 0116　收款国库（银行）名称：国家金库北京市海淀区金库（代理）

付款人开户银行：中国建设银行清河支行　缴款书交易流水号：061858810909417713

小写（合计）金额：¥750.00　　　　　　　　税票号码：061858810909417713

大写（合计）金额：柒佰伍拾元整　　税款限缴日期：2013年01月15日

税（费）种名称	所属日期	实缴金额
营业税	20121201-20121231	¥750.00

第一次打印　　　　　　　打印时间：2013年01月09日14时20分

（14.85公分×21公分）　第二联　作付款回单（无银行收讫章无效）　复核　记账

第四节　城市维护建设税纳税申报

一、征税机关

城市维护建设税属于中央与地方共享税，其所得属于中央政府和地方政府的共同收入。铁道部、各银行总行、各保险总公司集中缴纳的城市维护建设税部分归中央政府，由国家税务局负责征收管理；其余部分归地方政府，由地方税务局负责征收管理。

需要说明的是，教育费附加是对缴纳增值税、消费税、营业税的单位和个人，就其实际缴纳的"三税"税额为计算依据征收的一种附加费。教育费附加和城市维护建设税的性质相同，都是在"三税"的基础上附加征收的，应在征收城市维护建设税的同时附加征收。

二、城市维护建设税纳税申报实例操作

城市维护建设税纳税人应按《城市维护建设税暂行条例》有关规定及时办理纳税申报，并如实填写城市维护建设税纳税申报表，如表 2-11 所示。

【例 2-5】 地处北京市区的北京奥萨有限公司的纳税人识别号为 110108208483050000，纳税人计算机代码为 06183615，开户行为中国建设银行清河支行，账号为 01091060100120105001122。其城市维护建设税纳税期限为 1 个月。2012 年 12 月份实际应缴纳增值税 215 670 元，消费税 20 135 元，营业税 310 560 元。

【解析】 北京奥萨有限公司 2012 年 12 月份的城市维护建设税和教育费附加纳税申报如下：

（一）计算填列城市维护建设税纳税申报表和教育费附加申报表

表 2-11 城市维护建设税纳税申报表

填表日期：2013 年 01 月 09 日

纳税人识别号：1 1 0 1 0 8 2 0 8 4 8 3 0 5 0 0 0 0

金额单位：人民币元（列至角分）

纳税人名称	北京奥萨有限公司		税款所属时期	2012 年 12 月 1 日至 2012 年 12 月 31 日	
计税依据	计税金额	税率	应纳税额	已纳税额	应补（退）税额
1	2	3	4＝2×3	5	6＝4－5
增值税	215 670.00	7%	15 096.90	0.00	15 096.90
营业税	310 560.00	7%	21 739.20	0.00	21 739.20
消费税	20 135.00	7%	1 409.45	0.00	1 409.45
合计	546 365.00	—	38 245.55	0.00	38 245.55
如纳税人填报，由纳税人填写以下各栏		如委托代理人填报，由代理人填写以下各栏			备注
会计主管（签章）	纳税人（公章）	代理人名称		代理人（公章）	
		代理人地址			
		经办人姓名	电话		
以下由税务机关填写					
收到申报表日期			接收人		

表 2-12 教育费附加申报表

填表日期：2013 年 01 月 09 日

纳税人识别号：1 1 0 1 0 8 2 0 8 4 8 3 0 5 0 0 0 0

金额单位：人民币元（列至角分）

纳税人名称	北京奥萨有限公司		税费所属时期	2012 年 12 月 1 日至 2012 年 12 月 31 日	
计征依据	计征金额	附加征收比率	应征额	已征额	应缴（退）费
1	2	3	4＝2×3	5	6＝4－5

续表

计征依据	计征金额	附加征收比率	应征额	已征额	应缴（退）费
增值税	215 670.00	3‰	6 470.10	0.00	6 470.10
营业税	310 560.00	3‰	9 316.80	0.00	9 316.80
消费税	20 135.00	3‰	604.05	0.00	604.05
合计	546 365.00	—	16 390.95	0.00	16 390.95

如纳税人填报，由纳税人填写以下各栏		如委托代理人填报，由代理人填写以下各栏		备注
会计主管 （签章）	纳税人 （公章）	代理人名称	代理人 （公章）	
		代理人地址		
		经办人姓名	电话	
以下由税务机关填写				
收到申报表日期		接收人		

（二）汇算清缴应纳城市维护建设税税款和教育费附加

汇算清缴 2012 年 12 月 1 日至 12 月 31 日应纳的城市维护建设税 38 245.55 元，教育费附加 16 390.95 元。

附：

北京市地方税务局票证专用　（2012）　京地电库：　No 3829394
电子缴库专用缴款书

填发日期：2013年01月09日　　　　　　　　征收机关：海淀区地税清河税务所

☑已申报　　　申报序号：061836150909417766　　　☐未申报

纳税人计算机代码	06183615	征收机关代码	21100000000
纳税人名称	北京奥萨有限公司	征收机关名称	北京市海淀区地方税务局
付款人名称	北京奥萨有限公司	收款国库名称	国家金库北京海淀区支库
付款人开户银行名称	中国建设银行清河支行	国库清算行号	011100000003
付款人账号	010910601001201050001122		

纳税项目名称	课税数量	计税金额	实缴金额
城市维护建设税		546365.00	38245.55
教育费附加		546365.00	16390.95

金额合计（大写）：计伍万肆仟陆佰叁拾陆元伍角整　　　金额合计（小写）：¥54636.50

付款人盖章 经办人（章）	税务机关 （章）	银行 记账员　盖章	备注：

中国建设银行电子缴税付款凭证

| 中国建设银行 | 转账日期：2013年01月09日 | 凭证字号：2013010957256304 | 凭证 |

纳税人全称及纳税人计算机代码：北京奥萨有限公司 06183615

付款人全称：北京奥萨有限公司	征收机关名称：北京市海淀区地方税务局
付款人账号：01091060100120105001122	收款国库（银行）名称：国家金库北京市海淀区金库（代理）
付款人开户银行：中国建设银行清河支行	缴款书交易流水号：0618361 50909417716
小写（合计）金额：¥54636.50	税票号码：0618361 50909417716
大写（合计）金额：伍万肆仟陆佰叁拾陆元伍角整	税款限缴日期：2013年01月15日

税（费）种名称	所属日期	实缴金额
城市维护建设税	20121201-20121231	¥38245.55
教育费附加	20121201-20121231	¥16390.95

| 第一次打印 | | 打印时间：2013年01月09日14时20分 |
| （14.85公分×21公分） 第二联 | 作付款回单（无银行讫章无效） | 复核 记账 |

第五节　关税纳税申报

一、关税缴纳

进口货物自运输工具申报进境之日起 14 日内，出口货物在货物运抵海关监管区后装货的 24 小时以前，应由进出口货物的纳税人向货物进（出）境地海关申报，海关根据税则归类和完税价格计算应缴纳的关税和进口环节代征的增值税、消费税，并填发税款缴款书。

纳税人应当自海关填发税款缴款书之日起 15 日内，向指定银行缴纳税款。如关税缴纳期限的最后 1 日是周末或法定节假日，则关税缴纳期限顺延至周末或法定节假日过后的第 1 个工作日。为方便纳税人，经申请且海关同意，进（出）口货物的纳税人可以在设有海关的指运地（启运地）办理海关申报、纳税手续。

关税纳税人因不可抗力或者在国家税收政策调整的情形下，不能按期缴纳税款的，经海关总署批准，可以延期缴纳税款，但最长不得超过 6 个月。

二、征税机关

关税、海关代征的增值税和消费税属于中央税，其所得属于中央政府。关税由海关负责征收管理。进口环节增值税、消费税由海关代征。

三、关税计征方法

进口货物，海关征收关税，同时代征增值税和消费税。出口货物，海关征收关税，一般情况下免征增值税和消费税，对符合退税条件的出口货物同时依法退还增值税和消费税；出口国家限制或禁止出口的货物，海关征收关税，同时代征增值税和消费税。

我国对进（出）口关税采用的计征方法有从价税、从量税、复合税和滑准税四种。

（一）从价税

从价税以进（出）口货物的完税价格作为计税依据，以应征税额占货物完税价格的百分比作为税率，计征关税的方法。计算公式为：

$$关税税额＝应税进（出）口货物数量×单位完税价格×税率$$

（二）从量税

从量税是以进（出）口货物的数量、重量、体积、容量等计量单位为计税依据计征关税的方法。计算公式为：

$$关税税额＝应税进（出）口货物数量×单位货物税额$$

（三）复合税

复合税是对某种进（出）口货物同时使用从价和从量计征关税的方法。我国目前实行的复合税都是先计征从量税，再计征从价税。计算公式为：

$$关税税额＝应税进（出）口货物数量×单位货物税额＋应税进（出）口货物数量$$
$$×单位完税价格×税率$$

（四）滑准税

滑准税是一种关税税率随着进（出）口货物价格由高至低而由低至高设置计征关税的方法，即进（出）口货物价格越高，其进口关税税率越低，进（出）口货物价格越低，其进口关税税率越高。计算公式为：

$$关税税额＝应税进（出）口货物数量×单位完税价格×滑准税税率$$

现行税则进（出）口商品从量税、复合税、滑准税税目税率表后注明了滑准税税率的计算公式，该公式是一个与应税进（出）口货物完税价格相关的取整函数。

四、关税计算程序

进（出）口关税计算程序如下：

（1）按照归类规则确定税则归类，将应税货物归入合适的税目税号。

（2）根据原产地规则，确定应税货物适用的税率。

（3）确定其实际进（出）口量。

（4）根据完税价格审定办法有关规定，确定应税货物的完税价格。

（5）关税税款以人民币征收，计算税款前要将审核的完税价格按照当日公布的汇率中间价折算成人民币。

（6）按照计算公式正确计算应征税款。

五、关税纳税申报实例操作

【例2-6】 北京华艺进出口有限公司的纳税人识别号为110108376714112，纳税人计算机代码为06183313，开户行为中国建设银行清河支行，账号为01091060100120105001515。2012年12月28日，该公司报关从日本进口5辆丰田汽车，成交价格（离岸价格）110 000美元，其中包括单独计价并经海关审查属实的货物进口后装配调试费用3 000美元，向境外采购代理人支付买方佣金5 000美元。另支付运费20 000美元，保险费10 000美元。已知该批汽车的规格为汽油型大马力小轿车，4座位，气缸容量为4 000CC，外汇折算汇率1

美元＝人民币 6.285 5 元。

【解析】　北京华艺进出口有限公司 2012 年 12 月 28 日进口小汽车海关征收的关税以及代征的增值税和消费税如下：

（一）计算海关征收的进口关税以及代征的增值税和消费税

（1）确定税则归类，气缸容量 4 000CC 的汽油型大马力小轿车归入税号 8703243010。

（2）原产国日本适用最惠国进口关税税率为 25％，增值税税率为 17％，消费税税率为 25％。

（3）审定完税价格：

关税完税价格＝离岸价格－装配调试费－买方佣金＋运费＋保险费＝110 000－3 000－5 000＋20 000＋10 000＝132 000（美元）

（4）将外币价格折算成人民币金额＝132 000×6.285 5＝829 686（元）

（5）计算进口关税：

进口关税＝关税完税价格×进口关税税率＝829 686×25％＝207 421.50（元）

（6）计算组成计税价格：

组成计税价格＝（关税完税价格＋关税）÷（1－消费税税率）＝（829 686＋207 421.50）÷（1－25％）＝1 382 810（元）

（7）计算进口增值税：

进口增值税＝组成计税价格×增值税税率＝1 382 810×17％＝235 077.70（元）

（8）计算进口消费税：

进口消费税＝组成计税价格×消费税税率＝1 382 810×25％＝345 702.50（元）

纳税人应当自海关填发税款缴款书之日起 15 日内，向指定银行缴纳以上税款。

（二）清缴进口环节海关计征的关税以及代征的增值税和消费税

清缴 2012 年 12 月 28 日进口环节海关计征的关税 207 421.50 元，代征的增值税 235 077.70元、消费税 345 702.50 元。

海关进口关税专用缴款书

收入系统：海关系统			填发日期：2012年12月28日		号码：940420121228012530-101		
收款单位	收款机关	中央金库		缴款单位（人）	名　称	北京华艺进出口有限公司	
	科　目	进口关税	预算级次	中央	账　号	0109106010012010500 1515	
	收款国库	工商海淀分理处			开户银行	中国建设银行清河支行	
无银行收讫章无效	税号	货物名称	数量	单位	完税价格（¥）	税率（%）	税款金额（¥）
	L2603000000	小汽车	5	辆	829686.00	25	207421.50
	金额人民币（大写）：贰拾万柒仟肆佰贰拾壹元伍角整					合计（¥）	207421.50
	申请单位编号	6504590001	报关单编号	940439349849193000	填制单位：	收款国库	
	合同（批文）号	05783	运输工具（号）	52629929	（盖　章）	（银行）	
	缴款期限	2013-1-11	提/装货单号	0365206	制单人：		
	备注	一般贸易　照章征税　2012年12月28日			复核人：		
		国际代码：110102101107362USD					

从填发缴款书之日起限15日内缴纳（期末遇法定节假日顺延），逾期按日征收税款总额0.5‰的滞纳金。

海关进口增值税专用缴款书

收入系统：海关系统　　　　　　　填发日期：2012年12月28日　　　号码：940420121228012530-102

收款单位	收款机关	中央金库			缴款单位（人）	名　称	北京华艺进出口有限公司
	科　目	进口增值税	预算级次	中央		账　号	0109106010012010500515
	收款国库	工商海淀分理处				开户银行	中国建设银行清河支行

税号	货物名称	数量	单位	组成计税价格（¥）	税率（%）	税款金额（¥）
L2603000000	小汽车	5	辆	1382810.00	17	235077.70

金额人民币（大写）：贰拾叁万伍仟零柒拾柒元柒角整			合计（¥）	235077.70

申请单位编号	6504590001	报关单编号	940439349849193000	填制单位：	收款国库
合同（批文）号	057843	运输工具（号）	52629929	（盖章）	（银行）
缴款期限	2013-1-11	提/装货单号	0365206	制单人：	
备注：	一般贸易 照章征税 2012年12月28日			复核人：	
	国际代码：110102101107362USD				

（无银行收讫章无效）

从填发缴款书之日起限15日内缴纳（期末遇法定节假日顺延），逾期按日征收税款总额0.5‰的滞纳金。

海关进口消费税专用缴款书

收入系统：海关系统　　　　　　　填发日期：2012年12月28日　　　号码：940420121228012530-103

收款单位	收款机关	中央金库			缴款单位（人）	名　称	北京华艺进出口有限公司
	科　目	进口消费税	预算级次	中央		账　号	0109106010012010500515
	收款国库	工商海淀分理处				开户银行	中国建设银行清河支行

税号	货物名称	数量	单位	组成计税价格（¥）	税率（%）	税款金额（¥）
L2603000000	小汽车	5	辆	1382810.00	25	345702.50

金额人民币（大写）：叁拾肆万伍仟柒佰零贰元伍角整			合计（¥）	345702.50

申请单位编号	6504590001	报关单编号	940439349849193000	填制单位：	收款国库
合同（批文）号	057843	运输工具（号）	52629929	（盖章）	（银行）
缴款期限	2013-1-11	提/装货单号	0365206	制单人：	
备注：	一般贸易 照章征税 2012年12月28日			复核人：	
	国际代码：110102101107362USD				

（无银行收讫章无效）

从填发缴款书之日起限15日内缴纳（期末遇法定节假日顺延），逾期按日征收税款总额0.5‰的滞纳金。

中国建设银行电子缴税付款凭证

中国建设银行　　　　转账日期：2013年01月09日　凭证字号：2013010957256121　　　凭证

纳税人全称及纳税人识别号：北京华艺进出口有限公司 110108376714112

付款人全称：北京华艺进出口有限公司	征收机关名称：海关系统
付款人账号：0109106010012010500515	收款国库（银行）名称：中央金库
付款人开户银行：中国建设银行清河支行	缴款书交易流水号：9404201212280125530

小写（合计）金额：¥788201.70

大写（合计）金额：柒拾捌万捌仟贰佰零壹元柒角整　　税款限缴日期：　2013年01月11日

税（费）种名称	所属日期	实缴金额
关税	20121228	¥207421.50
增值税	20121228	¥235077.70
消费税	20121228	¥345702.50

第一次打印　　　　　　　　　　　　　打印时间：2013年01月09日10时20分

（14.85公分×21公分）　第二联　　作付款回单（无银行收讫章无效）　　复核　　记账

第六节 资源税纳税申报

一、征税机关

资源税属于中央与地方共享税，其所得属于中央政府和地方政府的共同收入。海洋石油企业缴纳的资源税部分归中央政府，其余部分归地方政府。海洋石油企业缴纳的资源税由国家税务局征收管理，其余部分由地方税务局征收管理。

二、征缴方法

资源税纳税人申报纳税的方式主要有直接申报、邮寄申报和电子申报。本节以地方税务局征收管理的纳税申报表为例进行讲解。

三、资源税纳税申报实例操作

资源税纳税人应按《资源税暂行条例》有关规定及时办理纳税申报，并如实填写资源税纳税申报表，如表 2-13 所示。

【例 2-7】 山西华铁冶金有限公司的注册地址为山西大同市 286 号，纳税人识别号为140116701011888，纳税人计算机代码为 07302480，开户行为中国建设银行大同支行，账号为 14091060100120105002011。其资源税纳税期限为 1 个月。2012 年 12 月份销售铜矿石原矿 40 000 吨，移送入选精矿 4 000 吨，选矿比为 20%，该矿山铜矿石适用 6 元/吨的单位税额。

【解析】 山西华铁冶金有限公司 2012 年 12 月份的资源税纳税申报如下：

（一）计算填列资源税纳税申报表

（1）外销铜矿石原矿的应纳税额：

原矿应纳税额＝课税数量×单位税额＝40 000×6＝240 000（元）

（2）入选精矿的应纳税额：

精矿应纳税额＝入选精矿数量÷选矿比×单位税额＝4 000÷20%×6＝120 000（元）

（3）合计应纳税额：

应纳税额＝原矿应纳税额＋精矿应纳税额＝240 000＋120 000＝360 000（元）

表 2-13　　　　　　　　　　　　　　资源税纳税申报表

纳税代码（地税）：07302480

税务登记证号：140116701011888　　　税款所属时期：2012 年 12 月 1 日至 2012 年 12 月 31 日

金额单位：人民币元（列至角分）

纳税人名称	山西华铁冶金有限公司	地址	山西大同市 286 号	开户银行	中国建设银行大同支行	账号	14091060100120105002011
产品名称	销售数量（吨）	运用税目	运用税额（元/吨）	应纳税额（元）	备 注		
铜矿石原矿	40 000.00	有色金属矿原矿	6.00	240 000.00			

续表

产品名称	销售数量（吨）	运用税目	运用税额（元／吨）	应纳税额（元）	备 注
铜矿石精矿	20 000.00	有色金属矿原矿	6.00	120 000.00	
合计	60 000.00	—	—	360 000.00	

纳税人声明：本表所填数据真实、完整，愿意承担法律责任。			如委托代理填报，由代理人填写以下各栏		
会计主管（签章）	办案人员（签章）	纳税单位（人）（签章）	代理人名称		代理人（签章） 年　月　日
			代理人地址		
			经办人	电话	
以 下 由 税 务 机 关 填 写					
收到申报表日期		接收人	完税凭证号码		完税日期

（二）汇算清缴应纳资源税税款

汇算清缴 2012 年 12 月 1 日至 12 月 31 日应纳的资源税税款 360 000 元。

附：

山西省地方税务局票证专用　（2012）　晋地电库：　No 3829394
电子缴库专用缴款书

填发日期：2013 年 01 月 09 日　　　　　　　　征收机关：大同市地税第五税务所

☑ 已申报　　申报序号：0730248001094177766　　　　□ 未申报

纳税人计算机代码	07302480	征收机关代码	14100000000
纳税人名称	山西华铁冶金有限公司	征收机关名称	山西省大同地方税务局
付款人名称	山西华铁冶金有限公司	收款国库名称	国家金库山西省大同支库
付款人开户银行名称	中国建设银行大同支行	国库清算行号	141100000002
付款人账号	14091060100120105002011		

纳税项目名称	课税数量	计税金额	实缴金额
资源税	60000.00		360000.00

金额合计（大写）：计叁拾陆万元整　　　　　　　　金额合计（小写）：¥360000.00

付款人盖章 经办人（章）	税务机关（章）	银行 记账员　盖章	备注：

中国建设银行电子缴税付款凭证

| 中国建设银行 | 转账日期：2013年01月09日 | 凭证字号：2013010957256306 | 凭证 |

纳税人全称及纳税人计算机代码：山西华铁冶金有限公司 07302480

付款人全称：山西华铁冶金有限公司	征收机关名称：山西省大同地方税务局
付款人账号：14091060100120105002011	收款国库（银行）名称：国家金库山西省大同金库（代理）
付款人开户银行：中国建设银行大同支行	缴款书交易流水号：073024800109417766
小写（合计）金额：¥360000.00	税票号码：073024800109417766
大写（合计）金额：叁万拾陆万元整	税款限缴日期：2013年01月15日

| 税（费）种名称 | 所属日期 | 实缴金额 |
| 资源税 | 20121201-20121231 | ¥360000.00 |

| 第一次打印 | | 打印时间：2013年01月09日14时20分 |
| （14.85公分×21公分）　第二联 | 作付款回单（无银行收讫章无效） | 复核　记账 |

第七节　土地增值税纳税申报

一、征税机关

土地增值税属于地方税，其所得属于地方政府的收入，纳入地方财政预算管理。土地增值税由地方税务局负责征收管理。

二、征缴方法

纳税人必须按照地方税务局的要求进行纳税申报。

土地增值税的纳税人应在转让房地产合同签订后的 7 日内，到房地产所在地主管税务机关办理纳税申报，并向税务机关提交房屋及建筑物产权、土地使用权证书，土地转让、房产买卖合同，房地产评估报告及其他与转让房地产有关的资料。纳税人因经常发生房地产转让而难以在每次转让后申报的，经税务机关审核同意后，可以定期进行纳税申报，具体期限由税务机关根据情况确定。

纳税人向税务局申的方式主要有直接申报、邮寄申报、网上申报和委托代征申报等方式。

三、土地增值税纳税申报实例操作

1995 年 5 月 17 日，国家税务总局制定并下发了土地增值税纳税申报表。此表包括适用于从事房地产开发纳税人的土地增值税纳税申报表（一）（见表 2-14），及适用于非从事房地产开发的纳税人的土地增值税纳税申报表（二）（见表 2-15）。国家税务总局同时规定，纳税人必须按照税法的有关规定，向房地产所在地主管税务机关如实申报转让房地产所取得的收入、扣除项目金额以及应纳土地增值税税额，并按期缴纳税款。

【例 2-8】 北京佳明房地产开发有限公司地处北京市海淀区牡丹园，其纳税人识别号为 110108725383903000，纳税人计算机代码为 06302480，开户行为中国建设银行塔院支行，账号为 01091060100120105002019。其土地增值税纳税期限为 1 个月。2011 年 3 月起开始在海淀区牡丹园建造金鼎大厦。2012 年 12 月转让房地产取得货币收入 109 740 000 元。取得土地使用权支付 12 000 000 元；房地产开发成本 32 000 000 元，其中土地征用及拆迁补偿费 2 500 000 元，前期工程费 3 000 000 元，建筑安装工程费 17 000 000 元，基础设施费 4 000 000 元，公共配套设施费 1 000 000 元，开发间接费用 4 500 000 元；向银行借款 50 000 000 元，1 年期，利率 6%，向非银行金融机构借款 5 000 000 元，1 年期，支付利息 330 000 元，均能按转让房地产项目分摊利息；其他房地产开发费用（包括印花税）3 000 000 元。除利息外允许扣除的其他房地产开发费用，为按取得土地使用权所支付的金额与房地产开发成本计算的金额之和的 5% 以内。

【解析】 北京佳明房地产开发有限公司 2012 年 12 月份的土地增值税纳税申报如下：

（一）计算填列土地增值税纳税申报表

（1）转让房地产收入＝109 740 000 元

（2）转让房地产的扣除项目金额：

①取得土地使用权所支付的金额为 12 000 000 元。

②房地产开发成本＝2 500 000＋3 000 000＋17 000 000＋4 000 000＋1 000 000＋4 500 000＝32 000 000（元）

③房地产开发费用＝利息支出＋允许扣除的其他房地产开发费用＝利息支出＋（取得土地使用权所支付的金额＋房地产开发成本）×5%＝（50 000 000＋5 000 000）×6%＋（12 000 000＋32 000 000）×5%＝3 300 000＋2 200 000＝5 500 000（元）

注：财务费用中的利息支出，凡能够按转让房地产项目计算分摊并提供金融机构证明的，允许据实扣除，但最高不能超过按商业银行同类同期贷款利率计算的金额。其他房地产开发费用按取得土地使用权所支付的金额和房地产开发成本计算的金额之和的 5% 以内计算扣除。凡不能按转让房地产项目计算分摊利息支出或不能提供金融机构证明的，房地产开发费用按取得土地使用权所支付的金额和房地产开发成本计算的金额之和的 10% 以内计算扣除。计算扣除的具体比例，由各省、自治区、直辖市人民政府规定。

④与转让房地产有关的税费＝营业税＋城市维护建设税＋教育费附加＝109 740 000×5%＋109 740 000×5%×7%＋109 740 000×5%×3%＝5 487 000＋384 090＋164 610＝6 035 700（元）

⑤财政部规定从事房地产开发企业的加计扣除数＝（取得土地使用权所支付的金额＋房地产开发成本）×20%＝（12 000 000＋32 000 000）×20%＝8 800 000（元）

⑥扣除项目金额合计＝12 000 000＋32 000 000＋5 500 000＋6 035 700＋8 800 000＝64 335 700（元）

（3）增值额＝109 740 000－64 335 700＝45 404 300（元）

（4）增值额与扣除项目金额之比＝45 404 300÷64 335 700×100＝70.57%

（5）应缴土地增值税税额＝45 404 300×40%－64 335 700×5%＝14 944 935（元）

表 2-14

土地增值税纳税申报表（一）

（从事房地产开发的纳税人适用）

填表日期：2013 年 01 月 09 日

纳税人识别号：1 1 0 1 0 8 7 2 5 3 8 3 9 0 3 0 0 0

金额单位：人民币元（列至角分）

纳税人名称	北京佳明房地产开发有限公司	税款所属时期	2012 年 12 月 1 日至 12 月 31 日
项　目		行次	金　额
一、转让房地产收入总额 1＝2＋3		1	109 740 000.00

续表

项 目		行次	金 额
其中	货币收入	2	109 740 000.00
	实物收入及其他收入	3	0.00
二、扣除项目金额合计 4＝5＋6＋13＋16＋20		4	64 335 700.00
1. 取得土地使用权所支付的金额		5	12 000 000.00
2. 房地产开发成本 6＝7＋8＋9＋10＋11＋12		6	32 000 000.00
其中	土地征用及拆迁补偿费	7	2 500 000.00
	前期工程费	8	3 000 000.00
	建筑安装工程费	9	17 000 000.00
	基础设施费	10	4 000 000.00
	公共配套设施费	11	1 000 000.00
	开发间接费用	12	4 500 000.00
3. 房地产开发费用 13＝14＋15		13	5 500 000.00
其中	利息支出	14	3 300 000.00
	其他房地产开发费用	15	2 200 000.00
4. 与转让房地产有关的税费等 16＝17＋18＋19		16	6 035 700.00
其中	营业税	17	5 487 000.00
	城市维护建设税	18	384 090.00
	教育费附加	19	164 610.00
5. 财政部规定的其他扣除项目		20	8 800 000.00
三、增值额 21＝1－4		21	45 404 300.00
四、增值额与扣除项目金额之比（%）22＝21÷4		22	70.57
五、适用税率（%）		23	40
六、速算扣除系数（%）		24	5
七、应缴土地增值税税额 25＝21×23－4×24		25	14 944 935.00
八、已缴土地增值税税额		26	0.00
九、应补（退）土地增值税税额 27＝25－26		27	14 944 935.00

如纳税人填报，由纳税人填写以下各栏		如委托代理人填报，由代理人填写以下各栏			备注
会计主管 （签章）	纳税人 （公章）	代理人名称		代理人 （公章）	
		代理人地址			
		经办人姓名	电话		
以下由税务机关填写					
收到申报表日期		接收人			

填表说明

（一）适用范围

土地增值税纳税申报表（一）适用于从事房地产开发并转让的土地增值税纳税人。其转让已经完成开发的房地产并取得转让收入，或者是预征正在开发的房地产并取得预售收入的，应按照税法和本表要求，根据税务机关确定的申报时间，定期向主管税务机关填报土地增值税纳税申报表（一），进行纳税申报。

（二）土地增值税纳税申报表（一）主要项目填表说明

土地增值税纳税申报表（一）各主要项目应根据土地增值税的基本计税单位作为填报对象。纳税人如果在规定的申报期内转让2个或2个以上计税单位的房地产，对每个计税单位应分别填写一份申报表。

纳税人如果既从事标准住宅开发，又进行其他房地产开发的，应分别填报土地增值税纳税申报表（一）。

1. 本表第1栏"转让房地产收入总额"，按纳税人在转让房地产开发项目所取得的全部收入额填写。

2. 本表第2栏"货币收入"，按纳税人转让房地产开发项目所取得的货币形态的收入额填写。

3. 本表第3栏"实物收入及其他收入"，按纳税人转让房地产开发项目所取得的实物形态的收入和无形资产等其他形式的收入额填写。

4. 本表第5栏"取得土地使用权所支付的金额"，按纳税人为取得该房地产开发项目所需要的土地使用权而实际支付（补交）的土地出让金（地价款）及按国家统一规定交纳的有关费用的数额填写。

5. 本表第7栏至表第12栏，应根据《中华人民共和国土地增值税暂行条例实施细则》（以下简称《土地增值税暂行条例实施细则》）规定的从事房地产开发所实际发生的各项开发成本的具体数额填写。要注意，如果有些房地产开发成本是属于整个房地产项目之间按一定比例进行分摊。

6. 本表第14栏"利息支出"，按纳税人进行房地产开发实际发生的利息支出中符合《土地增值税暂行条例实施细则》第7条"（3）"规定的数额填写。如果不单独计算利息支出的，则本栏数额填写为"0"。

7. 本表第15栏"其他房地产开发费用"，应根据《土地增值税暂行条例实施细则》第7条"（3）"的规定填写。

8. 本表第17栏至19栏，按纳税人转让房地产时所实际缴纳的税费数额填写。

9. 本表第20栏"财政部规定的其他扣除项目"，是指根据《土地增值税暂行条例》和《土地增值税暂行条例实施细则》等有关规定所确定的财政部规定的扣除项目的合计数。

10. 本表第23栏"适用税率"，应根据《土地增值税暂行条例》规定的四级超率累进税率，按所适用的最高一级税率填写；如果纳税人建造普通标准住宅出售，增值额未超过扣除项目金额20%的，本栏填写"0"。

11. 本表第24栏"速算扣除系数"，应根据《土地增值税暂行条例实施细则》第10条的规定找出速算扣除系数来填写。

12. 本表第26栏"已缴土地增值税额"，按纳税人已经缴纳的土地增值税的数额填写。

（二）汇算清缴应纳土地增值税税款

汇算清缴2012年12月1日至12月31日应纳的土地增值税税款14 944 935元。

附：

北京市地方税务局票证专用　(2012)　京地电库：　No 3829396
电子缴库专用缴款书

填发日期：2013年01月09日　　　　　　　　征收机关：海淀区地税学院路税务所

☑已申报　　　申报序号：063024800109417715　　　☐未申报

纳税人计算机代码	06302480	征收机关代码	21100000000
纳税人名称	北京佳明房地产开发有限公司	征收机关名称	北京市海淀区地方税务局
付款人名称	北京佳明房地产开发有限公司	收款国库名称	国家金库北京市海淀区支库
付款人开户银行名称	中国建设银行塔院支行	国库清算行号	011100000003
付款人账号	0109106010012010500 2019		

纳税项目名称	课税数量	计税金额	实缴金额
土地增值税		45404300.00	14944935.00

金额合计（大写）：计壹仟肆佰玖拾肆万肆仟玖佰叁拾伍元整　　　金额合计（小写）：¥14944935.00

付款人盖章 经办人（章）	税务机关 （章）	银行 记账员　盖章	备注：

中国建设银行电子缴税付款凭证

中国建设银行　　　转账日期：2013年01月09日　凭证字号：2013010957256306　　　凭证

纳税人全称及纳税人计算机代码：北京佳明房地产开发有限公司　06302480

付款人全称：北京佳明房地产开发有限公司　　征收机关名称：北京市海淀区地方税务局
付款人账号：0109106010012010500 2019　　收款国库（银行）名称：国家金库北京市海淀区金库（代理）
付款人开户银行：中国建设银行清河支行　　缴款书交易流水号：063024800109417715
小写（合计）金额：¥14944935.00　　　　　税票号码：063024800109417715
大写（合计）金额：壹仟肆佰玖拾肆万肆仟玖佰叁拾伍元整　税款限缴日期：2013年01月15日

税（费）种名称	所属日期	实缴金额
土地增值税	20121201-20121231	¥14944935.00

第一次打印　　　　　　　　　　　　打印时间：2013年01月09日11时20分

(14.85公分×21公分)　第二联　　作付款回单（无银行收讫章无效）　复核　　记账

【例2-9】　北京稀土有限公司地处北京市海淀区知春路，系非从事房地产开发的纳税企业，其纳税人识别号为110108104677941，纳税人计算机代码为06302412，开户行为中国建设银行知春路支行，账号为0109106010012010500 2099。2012 年 12 月 28 日将已用写字楼转让，取得货币收入 50 000 000 元；取得土地使用权所支付的金额 6 000 000 元；该写字楼的重置成本价 40 000 000 元，成新度折扣率为 60%。

【解析】　北京稀土有限公司 2012 年 12 月 28 日的土地增值税纳税申报如下：

（一）计算填列土地增值税纳税申报表

表 2-15

土地增值税纳税申报表（二）

（非从事房地产开发的纳税人适用）

填表日期：2013 年 01 月 03 日

纳税人识编码： [1][1][0][1][0][8][1][0][4][6][7][7][9][4][1][0][0][0][ ][ ]

金额单位：人民币元（列至角分）

纳税人名称	乙企业	税款所属时期		2012 年 12 月 28 日
项 目			行次	金额
一、转让房地产收入总额　1＝2＋3			1	50 000 000.00
其中	货币收入		2	50 000 000.00
	实物收入及其他收入		3	0.00
二、扣除项目金额合计　4＝5＋6＋9			4	32 775 000.00
1. 取得土地使用权所支付的金额			5	6 000 000.00
2. 旧房及建筑物的评估价格　6＝7×8			6	24 000 000.00
其中	旧房及建筑物的重置成本价		7	40 000 000.00
	成新度折扣率		8	60％
3. 与转让房地产有关的税费等　9＝10＋11＋12＋13			9	2 775 000.00
其中	营业税		10	2 500 000.00
	城市维护建设税		11	175 000.00
	印花税		12	25 000.00
	教育费附加		13	75 000.00
三、增值额　14＝1－4			14	17 225 000.00
四、增值额与扣除项目金额之比（％）　15＝14÷4			15	52.56
五、适用税率（％）			16	40
六、速算扣除系数（％）			17	5
七、应缴土地增值税税额　18＝14×16－4×17			18	5 251 250.00
如纳税人填报，由纳税人填写以下各栏		如委托代理人填报，由代理人填写以下各栏		备注
会计主管（签章）	纳税人（公章）	代理人名称		代理人（公章）
		代理人地址		
		经办人姓名	电话	
以下由税务机关填写				
收到申报表日期		接收人		

注：本表为 A4 竖式一式两份，第一份经税务机关审核后返回纳税人留存，作为已申报凭据；第二份征收机关作为户管资料留存。

填表说明

（一）适用范围

土地增值税纳税申报表（二）适用于非从事房地产开发的纳税人。该纳税人应在签订房地产转让合同后的 7 日内，向房地产所在地主管税务机关填报土地增值税纳税申报表（二）。

（二）土地增值税纳税申报表（二）主要项目填表说明

土地增值税纳税申报表（二）各主要项目，应根据纳税人转让的房地产项目作为填报对象。纳税人如果同时转让 2 个或 2 个以上房地产的，应分别填报。

1. 本表第 1 栏"转让房地产收入总额"，按纳税人转让房地产所取得的全部收入额填写。

2. 本表第 2 栏"货币收入"，按纳税人转让房地产所取得的货币形态的收入额填写。

3. 本表第3栏"实物收入及其他收入"，按纳税人转让房地产所取得的实物形态的收入和无形资产等其他形式的收入额填写。

4. 本表第5栏"取得土地使用权所支付的金额"，按纳税人为取得该转让房地产项目的土地使用权而实际支付（补交）的土地出让金（地价款）数额及按国家统一规定交纳的有关费用填写。

5. 本表第6栏"旧房及建筑物的评估价格"，是指根据《土地增值税暂行条例》和《土地增值税暂行条例实施细则》等有关规定，按重置成本法评估旧房及建筑物并经当地税务机关确认的评估价格的数额。本栏由第7栏和第8栏相乘得出。如果本栏数额能够直接根据评估报告填报，则本表第7栏与第8栏可以不必再填报。

6. 本表第7栏"旧房及建筑物的重置成本价"，是指按照《土地增值税暂行条例》和《土地增值税暂行条例实施细则》规定，由政府批准设立的房地产评估机构评定的重置成本价。

7. 本表第8栏"成新度折扣率"，是指按照《土地增值税暂行条例》和《土地增值税暂行条例实施细则》规定，由政府批准设立的房地产评估机构评定的旧房及建筑物的新旧程度折扣率。

8. 本表第10栏至13栏，按纳税人转让房地产时所实际缴纳的税费数额填写。

9. 本表第16栏"适用税率"，应根据《土地增值税暂行条例》规定的四级超率累进税率，按所适用的最高一级税率填写。

10. 本表第17栏"速算扣除系数"，应根据《土地增值税暂行条例实施细则》第10条的规定找出速算扣除系数来填写。

（二）汇算清缴应纳土地增值税税款

汇算清缴2012年12月28日应纳的土地增值税税款5 251 250元。

附：

北京市地方税务局票证专用 （2012） 京地电库： No 3829394
电子缴库专用缴款书

填发日期：2013年01月03日　　　　　　　　征收机关：海淀区地税学院路税务所

☑已申报　　　申报序号：063024120103417715　　　☐未申报

纳税人计算机代码	06302412	征收机关代码	21100000000
纳税人名称	北京稀土有限公司	征收机关名称	北京市海淀区地方税务局
付款人名称	北京稀土有限公司	收款国库名称	国家金库北京市海淀区支库
付款人开户银行名称	中国建设银行知春路支行	国库清算行号	011100000003
付款人账号	010910601001201050002099		

纳税项目名称	课税数量	计税金额	实缴金额
土地增值税		17225000.00	5251250.00

金额合计（大写）：计伍佰贰拾伍万壹仟贰佰伍拾元整		金额合计（小写）：¥5251250.00	
付款人盖章 经办人（章）	税务机关 （章）	银行 记账员　盖章	备注：

中国建设银行电子缴税付款凭证

| 中国建设银行 | 转账日期：2013年01月03日　凭证字号：2013010357256308 | 凭证 |

纳税人全称及纳税人计算机代码：北京稀土有限公司 06302412

付款人全称：北京稀土有限公司　　　　　征收机关名称：北京市海淀区地方税务局
付款人账号：010910601001201050002099　收款国库（银行）名称：国家金库北京市海淀区金库（代理）
付款人开户银行：中国建设银行清河支行　　缴款书交易流水号：063024120103417715
小写（合计）金额：¥5251250.00　　　　　　　　　　税票号码：063024120103417715
大写（合计）金额：伍佰贰拾伍万壹仟贰佰伍拾元整　税款限缴日期：2013年01月3日

| 税（费）种名称 | 所属日期 | 实缴金额 |
| 土地增值税 | 20121228 | ¥5251250.00 |

第一次打印　　　　　　　　　　　　　　　打印时间：2013年01月03日15时20分

（14.85公分×21公分）第二联　　作付款回单（无银行收讫章无效）　　复核　　记账

第八节　城镇土地使用税纳税申报

一、征税机关

城镇土地使用税由土地所在地的地方税务机关征收，其收入纳入地方财政预算管理。城镇土地使用税征收工作涉及面广，政策性较强，在税务机关负责征收的同时，还必须注意加强同国土管理、测绘等有关部门的联系，及时取得土地的权属资料，沟通情况，共同协作把征收管理工作做好。

二、征缴方法

纳税人向地方税务局申报的方式主要有直接申报、邮寄申报、网上申报和委托代征申报等方式。

三、城镇土地使用税纳税申报实例操作

城镇土地使用税纳税人应按《城镇土地使用税暂行条例》有关规定及时办理纳税申报，并如实填写城镇土地使用税纳税申报表，如表2-16所示。

【例2-10】　北京文翰有限公司坐落于北京市海淀区学院路，其纳税人识别号为110108178375902，纳税人计算机代码为06302400，开户行为中国建设银行清河支行，账号为010910601001201050002013。该公司生产经营用地面积10 000平方米，其中幼儿园占地1 000平方米，公司绿化占地2 000平方米，该土地为一级土地，城镇土地使用税的单位税额为每平方米30元。2012年7月1日又受让面积5 000平方米的土地使用权，该土地为二级土地，城镇土地使用税的单位税额为每平方米24元。企业按年计算、按半年预缴城镇土地使用税。

【解析】　北京文翰有限公司 2012 年 7 月至 12 月的城镇土地使用税纳税申报如下：

（一）计算填列城镇土地使用税纳税申报表

公司所使用的土地 10 000 平方米中，幼儿园占地 1 000 平方米可免税，但公司绿化占地不免税。

应纳城镇土地使用税税额＝实际占用的土地面积×适用税额＝（10 000－1 000）×30÷2＋5 000×24÷2＝195 000（元）

表 2-16　　　　　　　　　　　　城镇土地使用税纳税申报表

填表日期：2013 年 01 月 09 日

纳税人识别号：　1　1　0　1　0　8　1　7　8　3　7　5　9　0　2　0　0　0　　　　金额单位：人民币元（列至角分）

纳税人名称	北京文翰有限公司			税款所属时期			2012 年 07 月 01 日至 2012 年 12 月 31 日						
房产坐落地点				北京市海淀区学院路									
坐落地点	上期占地面积	本期增减	本期实际占地面积	法定免税面积	应税面积	土地等级 I	土地等级 II	适用税额 I	适用税额 II	全年应缴税额	缴纳次数	本期 分次应纳税额	本期 已纳税额	本期 应补（退）税额
1	2	3	4=2+3	5	6=4−5	7	8	9	10	11=6×9 或 10	12	13=11÷12	14	15=13−14
海淀	10 000		10 000	1 000	9 000	I		30		270 000.00	2	135 000.00	0	135 000.00
海淀		5 000	5 000	0	5 000		II		24	120 000.00	2	60 000.00	0	60 000.00
合计	10 000	5 000	15 000	1 000	14 000	—	—	—	—	390 000.00	2	195 000.00	0	195 000.00

如纳税人填报，由纳税人填写以下各栏		如委托代理人填报，由代理人填写以下各栏				备注
会计主管（签章）	纳税人（公章）	代理人名称		代理人（公章）		
		代理人地址				
		经办人姓名		电话		
以下由税务机关填写						
收到申报表日期			接收人			

填表说明

1. 本表适用于中国境内城镇土地使用税纳税人填报。

2. 纳税人识别号按纳税人在办理税务登记证时由主管税务机关确定的税务登记号码填列。

3. 坐落地点：土地管理部门已核发土地证的，应根据土地证填写。

4. 土地等级按照纳税人占用的土地所在地、县、市人民政府划分的土地等级填列。

5. 本期增减，增加用蓝笔填写，减少用红笔填写。

6. 本期实际占用土地面积＝上期占地面积＋本期增减数。

7. 本表一式三联，第一联纳税人保存，第二联由主管税务机关留存，第三联税务机关作税收会计原始凭证。

（二）汇算清缴应纳城镇土地使用税税款

汇算清缴 2012 年 7 月 1 日至 12 月 31 日应纳的城镇土地使用税税款 195 000 元。

附：

北京市地方税务局票证专用 （2012） 京地电库： No 3829300
电子缴库专用缴款书

填发日期：2013年01月09日　　　　　　　　征收机关：海淀区地税清河税务所

☑ 已申报　　　申报序号：063024000109417700　　　　□ 未申报

纳税人计算机代码	06302400	征收机关代码	21100000000
纳税人名称	北京文翰有限公司	征收机关名称	北京市海淀区地方税务局
付款人名称	北京文翰有限公司	收款国库名称	国家金库北京市海淀区支库
付款人开户银行名称	中国建设银行清河支行	国库清算行号	011100000003
付款人账号	0109106010012010500201 3		

纳税项目名称	课税数量	计税金额	实缴金额
城镇土地使用税	14000		195000.00

金额合计（大写）：计壹拾玖万伍仟元整　　　　金额合计（小写）：¥195000.00

付款人盖章 经办人（章）	税务机关 （章）	银行 记账员　盖章	备注：

中国建设银行电子缴税付款凭证

中国建设银行　　　转账日期：2013年01月09日　凭证字号：201301095725600　　　凭证

纳税人全称及纳税人计算机代码：北京文翰有限公司　06302400

付款人全称：北京文翰有限公司　　　征收机关名称：北京市海淀区地方税务局
付款人账号：0109106010012010500201 3　收款国库（银行）名称：国家金库北京市海淀区金库（代理）
付款人开户银行：中国建设银行清河支行　缴款书交易流水号：063024000109417700
小写（合计）金额：¥195000.00　　　　　　　　　税票号码：063024000109417700
大写（合计）金额：壹拾玖万伍仟元整　　　　税款限缴日期：2013年01月15日

税（费）种名称	所属日期	实缴金额
城镇土地使用税	20120701-20121231	¥195000.00

第一次打印　　　　　　　　　　　　　打印时间：2013年01月09日11时20分

（14.85公分×21公分）第二联　　　作付款回单（无银行收讫章无效）　　　复核　　记账

第九节　房产税纳税申报

一、征缴方法

房产税属于地方税，其所得属于地方政府的收入。房产税由地方税务局负责征收管理。纳税人向税务局申报的方式主要有直接申报、邮寄申报和网上申报等。

二、房产税纳税申报实例操作

房产税纳税人应按《房产税暂行条例》有关规定及时办理纳税申报，并如实填写房产税纳税申报表，如表 2-17 所示。

【例 2-11】 北京雷霆有限公司地处北京市海淀区清河路，纳税人识别号为110108832058787，纳税人计算机代码为06302125，开户行为中国建设银行清河支行，账号为01091060100120105001178。2012 年度的上半年共有房产原值 40 000 000 元，7 月1 日起，企业将原值 2 000 000 元的一栋仓库出租给某商场存放货物，租期 1 年，每月取得租金收入 15 000 元。8 月 1 日对委托施工单位建设的生产车间办理验收手续，由在建工程转入固定资产原值 5 000 000 元。已知该地区规定计算房产余值时的扣除比例为30％。房屋建筑面积 10 000 平方米，房产为砖混结构。企业按年计算、按半年预缴房产税。

【解析】 北京雷霆有限公司 2012 年 7 月 1 日至 12 月 31 日的房产税纳税申报如下：

（一）计算填列房产税纳税申报表

该公司经营自用的房产从价计征，在建工程转入的房产从次月开始从价计征；出租的房屋不再从价计征，改为从租计征。

从价计征房产税＝从价计税的房产原值×（1－扣除比例）×1.2％＝40 000 000×（1－30％）×1.2％÷2－2 000 000×（1－30％）×1.2％÷2＋5 000 000×（1－30％）×1.2％÷12×4＝173 600 （元）

从租计征房产税＝租金收入×12％＝15 000×6×12％＝10 800 （元）

应纳房产税＝173 600＋10 800＝184 400 （元）

表 2-17

房产税纳税申报表

纳税人识别号: | 1 | 1 | 0 | 1 | 0 | 8 | 8 | 3 | 2 | 0 | 5 | 8 | 7 | 0 | 0 | 0 |

填表日期: 2013 年 01 月 09 日　　　　金额单位: 人民币元（列至角分）

纳税人名称: 北京雷霆有限公司　　税款所属时期: 2012 年 07 月 01 日至 2012 年 12 月 31 日

房产坐落地: 北京市海淀区清河路　　建筑面积（平方米）: 10 000

行	上期申报房产原值（评估值）1	本期增减 2	本期实际房产原值 3=1+2	其中 从价计税的房产原值 4=3-5-6	从租计税的房产原值 5=3-4-6	规定的免税房产原值 6	扣除率(%) 7	以房产余值计征房产税 房产余值 8=4-4×7	适用税率 9	应纳税额 10=8×9	以租金收入计征房产税 租金收入 11	适用税率 12	应纳税额 13=11×12	全年应纳税额 14=10+13	缴纳次数 15	本期 应纳税额 16=14÷15	已纳税额 17	应补（退）税额 18=16-17	备注
1	40 000 000	0	40 000 000	40 000 000	0	0	30	28 000 000	1.2%	336 000	0	12%	0	336 000	2	168 000	0	168 000	
	0	0	0	−2 000 000	2 000 000	0	30	−1 400 000	0.6%	−8 400	90 000	12%	10 800	2 400	1	2 400	0	2 400	
	5 000 000	0	5 000 000	5 000 000	0	0	30	3 500 000	0.4%	14 000	0	12%	0	14 000	1	14 000	0	14 000	
合计	45 000 000	0	45 000 000	43 000 000	2 000 000	0	—	30 100 000	—	341 600	90 000	—	10 800	352 400	—	184 400	0	184 400	

如纳税人填报，由纳税人填写以下各栏

纳税人（公章）

会计主管（签章）

收到申报表日期

如委托代理人填报，由代理人填写以下各栏

代理人（公章）

代理人名称

代理人地址

经办人姓名

电话

以下由税务机关填写

接收人

收到申报表日期

（二）汇算清缴应纳房产税税款

汇算清缴 2012 年 7 月 1 日至 12 月 31 日应纳的房产税税款 184 400 元。

附：

北京市地方税务局票证专用 （2012） 京地电库： No 3829391
电子缴库专用缴款书

填发日期：2013年01月09日　　　　　　　　征收机关：海淀区地税清河税务所

☑已申报　　申报序号：063021250109417711　　　　□未申报

纳税人计算机代码	06302125	征收机关代码	14100000000
纳税人名称	北京雷霆有限公司	征收机关名称	北京市海淀区地方税务局
付款人名称	北京雷霆有限公司	收款国库名称	国家金库北京市海淀区支库
付款人开户银行名称	中国建设银行清河支行	国库清算行号	011100000003
付款人账号	010910601001201050011178		

纳税项目名称	课税数量	计税金额	实缴金额
房产税			184400.00

金额合计（大写）：计壹拾捌万肆仟肆佰元整　　　　金额合计（小写）：¥184400.00

付款人盖章 经办人（章）	税务机关 （章）	银行 记账员 盖章	备注

中国建设银行电子缴税付款凭证

中国建设银行　　转账日期：2013年01月09日　凭证字号：2013010957256311　　　凭证

纳税人全称及纳税人计算机代码：北京雷霆有限公司 06302125

付款人全称：北京雷霆有限公司　　　　征收机关名称：北京市海淀区地方税务局

付款人账号：010910601001201050011178　　收款国库（银行）名称：国家金库北京市海淀区金库（代理）

付款人开户银行：中国建设银行清河支行　　缴款书交易流水号：063021250109417711

小写（合计）金额：¥184400.00　　　　　　　税票号码：063021250109417711

大写（合计）金额：壹拾捌万肆仟肆佰元整　　　税款限缴日期：2013年01月15日

税（费）种名称	所属日期	实缴金额
房产税	20120701-20121231	¥184400.00

第一次打印　　　　　打印时间：2013年01月09日11时10分

（14.85公分×21公分）　第二联　作付款回单（无银行收讫章无效）　　复核　记账

第十节 车船税纳税申报

一、征缴方法

车船税属于地方税，其所得属于地方政府的收入。车船税实行源泉控税，一律由纳税人所在地的地方税务局负责征收管理，各地对外省、市来的车船不再查补税款。

纳税人向税务局申报的方式主要有直接申报、邮寄申报、网上申报和委托代征申报等方式。

二、车船税纳税申报实例操作

车船税的纳税人应按《车船税暂行条例》有关规定及时办理纳税申报，并如实填写车船税纳税申报表，如表 2-18 所示。

【例 2-12】 北京远东交通运输有限公司的纳税人识别号为 110108938372839000，纳税人计算机代码为 06302628，开户行为中国建设银行清河支行，账号为 0109106010012010500211。2012 拥有货车（整备质量 40 吨）40 辆、大型客车 10 辆，其中货车有 5 辆为厂内行驶车辆，不领取行驶执照，也不上公路行驶。北京市规定货车年基准税额整备质量每吨 96 元，大型客车年基准税额每辆 1 140 元。车船税按年申报，分月计算，一次性缴纳。

【解析】 北京远东交通运输有限公司 2012 年 1 月 1 日至 12 月 31 日的车船税纳税申报如下：

（一）计算填列车船税纳税申报表

表 2-18 车船税纳税申报表

填表日期：2013 年 01 月 09 日

纳税人识别号：| 1 | 1 | 0 | 1 | 0 | 8 | 9 | 3 | 8 | 3 | 7 | 2 | 8 | 3 | 9 | 0 | 0 | 0 | |

金额单位：人民币元（列至角分）

纳税人名称	北京远东交通运输有限公司			税款所属时期		2012 年 01 月 01 日至 2012 年 12 月 31 日		
车船类别	计税标准	数量	单位税额	全年应纳税额	年缴纳次数	本期		
						应纳税额	已纳税额	应补（退）税额
1	2	3	4	5＝3×4	6	7＝5÷6	8	9＝7−8
货车	按整备质量每吨	1 400	96.00	134 400.00	1	134 400.00	0.00	134 400.00
大型客车	每辆	10	1 140.00	11 400.00	1	11 400.00	0.00	11 400.00
合 计	—	—	145 800.00	—	145 800.00	0.00	145 800.00	
如纳税人填报，由纳税人填写以下各栏			如委托代理人填报，由代理人填写以下各栏				备注	

会计主管 （签章）	纳税人 （公章）	代理人名称		代理人 （公章）	
		代理人地址			
		经办人姓名	电话		
以下由税务机关填写					
收到申报表日期			接收人		

填表说明

1. 本表适用于中国境内各类车船税纳税人填报。

2. 纳税人识别码是纳税人在办理税务登记证时由主管税务机关确定的税务编码。

3. 车船类别依照车船税税额表列举的不同车船种类分别填列。车辆部分应详细填列至项目。

4. 计税标准：船舶和货车依照不同吨位分别填列。其他车辆依照车船税税额表规定的不同标准分别填列。

5. 年应纳税额＝计税吨位×数量×单位税额

　　　或＝计税车辆数×单位税额

6. 本表一式三联，第一联存根联，经税务机关审核后返回纳税人留存，作为已申报凭据；第二联申报联，征收机关作为户管资料留存；第三联记账联，征收机关寄财务部门留存，作为税收会计应征原始凭证。

（二）汇算清缴应纳车船税税款

汇算清缴 2012 年 1 月 1 日至 12 月 31 日应纳的车船税税款 145 800 元。

附：

北京市地方税务局票证专用　（2012）　京地电库：　No 3829393
电子缴库专用缴款书

填发日期：2013年01月09日　　　　　　　　征收机关：海淀区地税清河税务所

☑已申报　　　申报序号：063026280109417713　　　□未申报

纳税人计算机代码	06302628	征收机关代码	21100000000
纳税人名称	北京远东交通运输有限公司	征收机关名称	北京市海淀区地方税务局
付款人名称	北京远东交通运输有限公司	收款国库名称	国家金库北京市海淀区支库
付款人开户银行名称	中国建设银行清河支行	国库清算行号	011100000003
付款人账号	0109106010012010500201l		

纳税项目名称	课税数量	计税金额	实缴金额
车船税			145800.00

金额合计（大写）：计壹拾肆万伍仟捌佰元整　　　　　　　金额合计（小写）：¥145800.00

| 付款人盖章
经办人（章） | 税务机关
（章） | 银行

记账员　盖章 | 备注： |

中国建设银行电子缴税付款凭证

中国建设银行　　　　　转账日期：2013年01月09日　凭证字号：2013010957256312　　　凭证

纳税人全称及纳税人计算机代码：北京远东交通运输有限公司　06302628

付款人全称：北京远东交通运输有限公司　　　征收机关名称：北京市海淀区地方税务局
付款人账号：01091060100120105002011　　　收款国库（银行）名称：国家金库北京市海淀区金库（代理）
付款人开户银行：中国建设银行清河支行　　　缴款书交易流水号：063026280109417713
小写（合计）金额：¥145800.00　　　　　　　　　　　　税票号码：063026280109417713
大写（合计）金额：壹拾肆万伍仟捌佰元整　　　　税款限缴日期：2013年01月15日

税（费）种名称	所属日期	实缴金额
车船税	20120101-20121231	¥145800.00

第一次打印　　　　　　　　　　　　　　　打印时间：2013年01月09日16时20分

（14.85公分×21公分）　第二联　　作付款回单（无银行收讫章无效）　　复核　　记账

第十一节　印花税纳税申报

一、纳税办法

印花税的纳税办法，根据税额的大小、贴花次数以及税收征收管理的需要，分别采用以下三种纳税办法。

（一）自行贴花办法

这种办法，一般适用于应税凭证较少或者贴花次数较少的纳税人。纳税人书立、领受或者使用印花税法列举的应税凭证的同时，纳税义务即已产生，应当根据应纳税凭证的性质和适用的税目税率，自行计算应纳税额，自行购买印花税票，自行一次贴足印花税票并加以注销或划销，纳税义务才算全部履行完毕。

需要说明的是，纳税人购买了印花税票，支付了税款，国家就取得了财政收入。但就印花税来说，纳税人支付了税款并不等于已履行了纳税义务。纳税人必须自行贴花并注销或划销，这样才算完整地完成了纳税义务。这也就是通常所说的"三自"纳税办法。

对已贴花的凭证，修改后所载金额增加的，其增加部分应当补贴印花税票。凡多贴印花税票者，不得申请退税或者抵用。

（二）汇贴或汇缴办法

这种办法，一般适用于应纳税额较大或者贴花次数频繁的纳税人。

一份凭证应纳税额超过500元的，应向当地税务机关申请填写缴款书或者完税凭证，将其中一联粘贴在凭证上或者由税务机关在凭证上加注完税标记代替贴花。这就是通常所说的"汇贴"办法。

同一种类应纳税凭证，需频繁贴花的，纳税人可以根据实际情况自行决定是否采用按期汇总缴纳印花税的方式，汇总缴纳的期限为1个月。采用按期汇总缴纳方式的纳税人应事先告知主管税务机关。缴纳方式一经选定，1年内不得改变。主管税务机关接到纳税人要求按期汇总缴纳印花税的告知后，应及时登记，制定相应的管理办法，防止出现管理漏洞。对采用按期汇总缴纳方式缴纳印花税的纳税人，应加强日常监督、检查。

实行印花税按期汇总缴纳的单位，对征税凭证和免税凭证汇总时，凡分别汇总的，按本期征税凭证的汇总金额计算缴纳印花税；凡确属不能分别汇总的，应按本期全部凭证的实际汇总金额计算缴纳印花税。

凡汇总缴纳印花税的凭证，应加注税务机关指定的汇缴戳记、编号并装订成册后，将已贴印花或者缴款书的一联粘附册后，盖章注销，保存备查。

经税务机关核准，持有代售许可证的代售户，代售印花税票取得的税款须专户存储，并按照规定的期限，向当地税务机关结报，或者填开专用缴款书直接向银行缴纳，不得逾期不缴或者挪作他用。代售户领存的印花税票及所售印花税票的税款，如有损失，应负责赔偿。

（三）委托代征办法

这一办法主要是通过税务机关的委托，经由发放或者办理应纳税凭证的单位代为征收印花税税款。税务机关应与代征单位签订代征委托书。发放或者办理应纳税凭证的单位，是指发放权利、许可证照的单位和办理凭证的鉴证、公证及其他有关事项的单位。

例如，按照印花税法规定，工商行政管理机关核发各类营业执照和商标注册证的同时，负责代售印花税票，征收印花税税款，并监督领受单位或个人负责贴花。税务机关委托工商行政管理机关代售印花税票，按代售金额5％的比例支付代售手续费。

发放或者办理应纳税凭证的单位，负有监督纳税人依法纳税的义务，具体是指以下纳税事项监督：

（1）应纳税凭证是否已粘贴印花；

（2）粘贴的印花是否足额；

（3）粘贴的印花是否按规定注销。

对未完成以上纳税手续的，应督促纳税人当场完成。

二、印花税纳税申报实例操作

印花税的纳税人应按《印花税暂行条例》有关规定及时办理纳税申报，并如实填写印花税纳税申报表，如表2-19所示。

【例2-13】　北京中庆有限公司于2012年12月开业，纳税人识别号为110108572319168，纳税人计算机代码为06301892，开户行为中国建设银行清河支行，账号为01091060100120101125036。其印花税汇总缴纳期限为1个月。该公司12月份发生如下交易或事项：领受工商营业执照正副本各一件，税务登记证国税、地税正副本各一件，房屋产权证一件，商标注册证2件；实收资本2 000 000元，资本公积1 000 000元，除记载资金的账簿外，还建有4本其他账簿；签订财产保险合同一份，投保金额1 200 000元，缴纳保险费20 000元；签订货物买卖合同一份，所载金额1 000 000元。

【解析】　北京中庆有限公司2012年12月份的印花税纳税申报如下：

（一）计算填列印花税纳税申报表

（1）领受权利许可证照应纳印花税税额＝(1+1+1+2)×5＝25（元）

（2）资金账簿应纳印花税税额＝(2 000 000+1 000 000)×0.5‰＝1 500（元）

（3）其他账簿应纳印花税税额＝4×5＝20（元）

（4）财产保险合同应纳印花税税额＝20 000×1‰＝20（元）

（5）购销合同应纳印花税税额＝1 000 000×0.3‰＝300（元）

（6）应纳印花税税额合计＝25+1 500+20+20+300＝1 865（元）

表 2-19

印花税纳税申报表

填表日期：2013 年 01 月 09 日

纳税人识别号：| 1 | 1 | 0 | 1 | 0 | 8 | 5 | 7 | 2 | 3 | 1 | 9 | 1 | 6 | 8 | 0 | 0 | 0 |

纳税人名称：北京中庆有限公司　　税款所属时期：2012 年 12 月 01 日至 2012 年 12 月 31 日　　金额单位：人民币元（列至角分）

应税凭证名称	件数	计税金额	适用税率	应纳税额	已纳税额	应补（退）税额	贴花情况				备注
							上期结存	本期购进	本期贴花	本期结存	
1	2	3	4	5=2×4 或 5=3×4	6	7=5-6	8	9	10	11=8+9-10	
营业执照	2		5.00	10.00	0.00	10.00	0.00	10.00	10.00	0.00	
房屋产权证	1		5.00	5.00	0.00	5.00	0.00	5.00	5.00	0.00	
商标注册证	2		5.00	10.00	0.00	10.00	0.00	10.00	10.00	0.00	
资金账簿		3 000 000.00	0.5‰	1 500.00	0.00	1 500.00	0.00	1 500.00	1 500.00	0.00	
其他账簿	4		5.00	20.00	0.00	20.00	0.00	20.00	20.00	0.00	
财产保险合同		20 000.00	1‰	20.00	0.00	20.00	0.00	20.00	20.00	0.00	
购销合同		1 000 000.00	0.3‰	300.00	0.00	300.00	0.00	300.00	300.00	0.00	
合计	9	4 020 000.00	—	1 865.00	0.00	1 865.00	0.00	1 865.00	1 865.00	0.00	

如纳税人填报，由纳税人填写以下各栏　　　　如委托代理人填报，由代理人填写以下各栏

纳税人 （公章）		代理人名称		代理人 （公章）
会计主管 （签章）		代理人地址		
		经办人姓名	电话	

收到申报表日期　　　　　　　　以下由税务机关填写

接收人

（二）汇总缴纳印花税税款

汇总缴纳2012年12月1日至12月31日应纳的印花税税款1 865元。

附：

北京市地方税务局票证专用　（2012）　京地电库：　No 3829311
电子缴库专用缴款书

填发日期：2013年01月09日　　　　　　　　征收机关：海淀区地税清河税务所

☑已申报　　申报序号：063018920109417713　　☐未申报

纳税人计算机代码	06301892	征收机关代码	21100000000
纳税人名称	北京中庆有限公司	征收机关名称	北京市海淀区地方税务局
付款人名称	北京中庆有限公司	收款国库名称	国家金库北京市海淀区支库
付款人开户银行名称	中国建设银行清河支行	国库清算行号	011100000003
付款人账号	01091060100120101125036		

纳税项目名称	课税数量	计税金额	实缴金额
印花税	9	4020000.00	1865.00

金额合计（大写）：计壹仟捌佰陆拾伍元整　　　　　金额合计（小写）：¥1865.00

付款人盖章 经办人（章）	税务机关（章）	银行 记账员　盖章	备注：

中国建设银行电子缴税付款凭证

中国建设银行　　　转账日期：2013年01月09日　凭证字号：2013010957256312　　　凭证

纳税人全称及纳税人计算机代码：北京中庆有限公司 06301892

付款人全称：北京中庆有限公司　　　　　征收机关名称：北京市海淀区地方税务局
付款人账号：01091060100120101125036　收款国库（银行）名称：国家金库北京市海淀区金库（代理）
付款人开户银行：中国建设银行清河支行　缴款书交易流水号：063018920109417713
小写（合计）金额：¥1865.00　　　　　　　税票号码：063018920109417713
大写（合计）金额：壹仟捌佰陆拾伍元整　　税款限缴日期：2013年01月15日

税（费）种名称	所属日期	实缴金额
印花税	20121201-20121231	¥1865.00

第一次打印　　　　　　　　　　　　　打印时间：2013年01月09日13时40分

（14.85公分×21公分）　第二联　　作付款回单（无银行收讫章无效）　　复核　记账

第十二节 契税纳税申报

一、征收机关

契税属于地方税，其收入归地方政府。契税征收机关为土地、房屋所在地的财政机关或者地方税务机关。具体征收机关由省、自治区、直辖市人民政府确定。

纳税人办理纳税事宜后，契税征收机关应向纳税人开具契税完税凭证。纳税人持契税完税凭证和其他规定的文件材料，依法向土地管理部门、房屋管理部门办理有关土地、房屋的权属变更登记手续。纳税人未出具契税完税凭证的，土地管理部门、房产管理部门不予办理有关土地、房屋的权属变更登记手续。土地管理部门和房产管理部门应向契税征收机关提供有关资料，并协助契税征收机关依法征收契税。

二、契税纳税申报实例操作

契税的纳税人应按《契税暂行条例》有关规定及时办理纳税申报，并如实填写契税纳税申报表，如表 2-20 所示。

【例 2-14】 居民郑伟家住北京市方庄芳心园小区，其身份证号码为 110102197809210864，有一套 35 平方米砖混结构的商品房，地处北京市海淀区北清路，于 2012 年 12 月 28 日出售给王丰，成交价格 750 000 元。居民王丰家住北京市西城区月坛北路，其身份证号码为 110108197904060394。该住房为王丰个人购买的家庭唯一住房，适用 1% 的优惠税率征收契税。

【解析】 王丰 2012 年 12 月 28 日购买商品房应纳的契税纳税申报如下：

（一）计算填列契税纳税申报表

表 2-20 契税纳税申报表

填表日期：2013 年 01 月 04 日 金额单位：人民币元（列至角分）

承受方	名称	王丰	识别号	110108197904060394
	地址	北京市西城区月坛北路	联系电话	68376580
转让方	名称	郑伟	识别号	110102197809210864
	地址	北京市方庄芳心园小区	联系电话	84938203
土地、房屋权属转移	合同签订时间			2012 年 12 月 28 日
	土地、房屋地址			北京市海淀区北清路
	权属转移类别			买卖
	权属转移面积			35 平方米
	成交价格			750 000.00 元
适用税率				1%
计征税额				7 500.00 元
减免税额				0.00 元

应纳税额		7 500.00 元
纳税人员（签章）		经办人员（签章）	
以下部分由征收机关负责填写			
征收机关收到日期		接收人		审核日期	
审核记录			
审核人员（签章）		征收机关（签章）	

注：本表 A4 竖式，一式两份：第一联为纳税人保存；第二联由主管征收机关留存。

填表说明

1. 本表依据《征管法》、《契税暂行条例》设计制定。

2. 本表适用于在中国境内承受土地、房屋权属的单位和个人。纳税人应当在签订土地、房屋权属转移合同或者取得其他具有土地、房屋权属转移合同性质凭证后 10 日内，向土地、房屋所在地契税征收机关填报契税纳税申报表，申报纳税。

3. 本表各栏的填写说明如下：

（1）承受方及转让方名称，承受方、转让方是单位的，应按照人事部门批准或者工商部门注册登记的全称填写；承受方、转让方是个人的，则填写本人姓名。

（2）承受方、转让方识别号，承受方、转让方是单位的，填写税务登记号；没有税务登记号的，填写组织机构代码。承受方、转让方是个人的，填写个人身份证号或护照号。

（3）合同签订时间指承受方签订土地、房屋转移合同的当日，或其取得其他具有土地、房屋转移合同性质凭证的当日。

（4）权属转移类别，（土地）出让、买卖、赠与、交换、作价入股等行为。

（5）成交价格，土地、房屋权属转移合同确定的价格（包括承受者应交付的货币、实物、无形资产或者其他经济利益，折算成人民币金额）填写。计税价格是指由征收机关按照《中华人民共和国契税暂行条例》第 4 条确定的成交价格、差价或者核定价格。

（6）适用税率，1997 年 10 月 1 日后发生的土地、房屋权属转移行为均按 3% 税率填列计算；1997 年 10 月 1 日以前发生的应税未税的房屋权属转移行为，买卖、赠与、交换按 3% 税率，典当按 3% 税率填列计算；1999 年 8 月 1 日后个人购买自用的普通住宅暂减按 1.5% 税率填列计算；2008 年 11 月 1 日起，对个人首次购买 90 平方米及以下普通住房的，契税税率暂统一下调到 1%。

（7）计征税额＝计税价格×税率，应纳税额＝计征税额－减免税额。

（二）汇算清缴应纳契税税款

缴纳 2012 年 12 月 28 日购买商品房应纳的契税税款 7 500 元。

附：

北京市地方税务局票证专用 （2012）京地电库：No 3829394
电子缴库专用缴款书

填发日期：2013年01月04日　　　　　　　　征收机关：海淀区地税第三税务所

☑ 已申报　　　　申报序号：063018900104417710　　　　☐ 未申报

纳税人身份证号码	110108197904060394	征收机关代码	21100000000
纳税人名称	王丰	征收机关名称	北京市海淀区地方税务局
付款人名称	王丰	收款国库名称	国家金库北京市海淀区支库
付款人开户银行名称		国库清算行号	011100000003
付款人账号			

纳税项目名称	课税数量	计税金额	实缴金额
契税		750000.00	7500.00

金额合计（大写）：计柒仟伍佰元整　　　　　　　　金额合计（小写）：¥7500.00

付款人盖章 经办人（章）	税务机关（章）	银行 记账员 盖章	备注

中国建设银行电子缴税付款凭证

中国建设银行　　　　转账日期：2013年01月04日　凭证字号：2013010457256312　　　　凭证

纳税人全称及纳税人识别号：王丰　110108197904060394

付款人全称：王丰　　　　　　　　　　征收机关名称：北京市海淀区地方税务局
付款人账号：　　　　　　　　　　　　收款国库（银行）名称：国家金库北京市海淀区金库（代理）
付款人开户银行：　　　　　　　　　　缴款书交易流水号：063018900104417710
小写（合计）金额：¥7500.00　　　　　　　　　税票号码：063018900104417710
大写（合计）金额：柒仟伍佰元整　　　　税款限缴日期：2013年01月06日

税（费）种名称	所属日期	实缴金额
契税	20121228	¥7500.00

第一次打印　　　　　　　　　　打印时间：2013年01月04日11时20分

（14.85公分×21公分）　第二联　作付款回单（无银行收讫章无效）　复核　　记账

第十三节　企业所得税纳税申报

一、征税机关

企业所得税属于中央与地方共享税，其所得属于中央政府和地方政府的共同收入。铁道部、各银行总行及海洋石油企业缴纳的企业所得税部分归中央政府，其余部分中央政府与地方政府按 60％与 40％的比例分享。中央与地方共享税原则上应当由国家税务局征收管理，但由于历史原因，有些企业所得税仍由地方税务局征收管理。具体情况有：

（1）2001 年 12 月 31 日以前国家税务局、地方税务局征收管理的企业所得税，以及按现行规定征收管理的外商投资企业和外国企业所得税，仍由原征管机关征收管理，不作变动。

（2）自 2002 年 1 月 1 日起，按国家工商行政管理总局的有关规定，在各级工商行政管理部门办理设立（开业）登记的企业，其企业所得税由国家税务局负责征收管理。但下列办理设立（开业）登记的企业仍由地方税务局负责征收管理：①两个以上企业合并设立一个新的企业，合并各方解散，但合并各方原均为地方税务局征收管理的；②因分立而新设立的企业，但原企业由地方税务局负责征收管理的；③原缴纳企业所得税的事业单位改制为企业办理设立登记，但原事业单位由地方税务局负责征收管理的；④在工商行政管理部门办理变更登记的企业，其企业所得税仍由原征收机关负责征收管理。

（3）自 2002 年 1 月 1 日起，在其他行政管理部门新登记注册、领取许可证的事业单位、社会团体、律师事务所、医院、学校等缴纳企业所得税的其他组织，其企业所得税由国家税务局负责征收管理。

（4）2001 年 12 月 31 日前已在工商行政管理部门和其他行政管理部门登记注册，但未进行税务登记的企事业单位及其他组织，在 2002 年 1 月 1 日后进行税务登记的，其企业所得税按原规定的征管范围，由国家税务局、地方税务局分别征收管理。

（5）2001 年年底前的债转股企业、中央企事业单位参股的股份制企业和联营企业，仍由原征管机关征收管理，不再调整。

（6）不实行所得税分享的铁路运输（包括广铁集团）、国家邮政、中国工商银行、中国农业银行、中国银行、中国建设银行、国家开发银行、中国农业发展银行、中国进出口银行以及海洋石油天然气企业，由国家税务局负责征收管理。

为了加强税收征收管理，避免工作交叉，简化征收手续，降低征收成本，方便纳税人，在某些情况下，国家税务局和地方税务局可以相互委托对方代征某些税收。

二、征缴方法

不同纳税人的企业所得税分别由国家税务局或者地方税务局征收管理，即国家税务局和地方税务局对企业所得税都有管辖权，纳税人应当按照国家税务局或者地方税务局的要求进行纳税申报。纳税人向税务局申报的方式主要有直接申报、邮寄申报、网上申报和 IC 卡申报。

三、企业所得税纳税申报实例操作

企业所得税法规定，缴纳企业所得税，按年计算，分月或者分季预缴，自年度终了之日起 5 个月内汇算清缴，多退少补。

按月或者按季预缴企业所得税的，应当自月份或者季度终了之日起 15 日内，向税务机关报送预缴企业所得税纳税申报表，预缴税款。

企业在报送企业所得税纳税申报表时，应当按照规定附送财务会计报告和其他有关资料。

企业应当在办理注销登记前，就其清算所得向税务机关申报并依法缴纳企业所得税。

依照企业所得税法缴纳的企业所得税，以人民币计算。所得以人民币以外的货币计算的，应当折合成人民币计算并缴纳税款。

企业在纳税年度内无论盈利或者亏损，都应当按照《企业所得税法》第54条规定的期限，向税务机关报送预缴企业所得税纳税申报表，年度企业所得税纳税申报表，财务会计报告和税务机关规定应当报送的其他关资料。

企业所得税年度纳税申报表分为主表和附表，主表为企业所得税年度纳税申报表，详见表2-21；附表详见表2-22至表2-32。由于企业所得税年度纳税申报表的填制比较复杂，国家税务总局对其作了具体说明，有关内容详见企业所得税年度纳税申报表填报说明。

企业所得税是按照纳税人每一纳税年度的应纳税所得额和适用税率计算征收的。纳税人在一个纳税年度内的计税所得，为应纳税所得额，包括企业来源于中国境内、境外的全部生产经营所得和其他所得。根据企业所得税年度纳税申报表的填制要求，企业所得税汇算清缴的计算公式为：

1. 利润总额计算

营业利润＝营业收入－营业成本－营业税金及附加－销售费用－管理费用

－财务费用－资产减值损失＋公允价值变动收益＋投资收益

利润总额＝营业利润＋营业外收入－营业外支出

2. 应纳税所得额计算

纳税调整后所得＝利润总额＋纳税调整增加额－纳税调整减少额

＋境外应税所得弥补境内亏损

应纳税所得额＝纳税调整后所得－弥补以前年度亏损

3. 应纳税额计算

应纳所得税额＝应纳税所得额×所得税税率

（实际）应纳税额＝应纳所得税额－减免所得税额－抵免所得税额

（境内外）实际应纳税额＝（实际）应纳税额＋境外所得应纳所得税额

－境外所得抵免所得税额

本年应补（退）的所得税额＝（境内外）实际应纳税额

－本年累计实际已预缴的所得税额

【例2-15】 北京宏虹股份有限公司为居民企业，属工业企业，拥有企业从业人数（全年平均人数）1 000人，资产总额（全年平均数）155 125 250元。其纳税人识别号为110108104789528，开户行为中国建设银行清河支行，账号为0109106010012010501 1231。其企业所得税为按年计算，分季预缴，纳税年度终了之日起5个月内汇算清缴。企业所得税税率为25%。经过分析研究会计资料，获知公司2012年1月1日至12月31日的相关信息资料如下：

（1）营业收入：销售货物收入79 133 200元，提供劳务收入253 250元；材料销售收入1 138 378元，包装物出租收入68 370元；货物、财产、劳务视同销售收入533 215元；合计81 126 413元。

（2）营业成本：销售货物成本50 194 514元，提供劳务成本151 950元；材料销售成本796 865元，包装物出租成本51 275元；货物、财产、劳务视同销售成本373 250元；合计51 567 854元。

（3）销售税金及附加 1 364 616.83 元。

（4）销售费用：销售人员职工薪酬 1 362 367.38 元，其中工资 878 380 元，按销售人员工资和规定的比例计提职工福利费 43 919 元，社会保险费 286 351.88 元，住房公积金 105 405.6 元，职工教育经费 26 351.4 元，职工工会经费 21 959.5 元；产品广告费 11 817 567.36 元；展览费 487 450 元；赞助费 100 000 元；合计 13 767 384.74 元。广告费和业务宣传费支出以前年度累计结转扣除额 112 621.9 元。

（5）管理费用：行政管理人员职工薪酬 8 924 454 元，其中工资 5 754 000 元，按行政管理人员工资和规定的比例计提职工福利费 287 700 元，社会保险费 1 875 804 元，住房公积金 690 480 元，职工教育经费 172 620 元，职工工会经费 143 850 元；业务招待费 402 524 元；差旅费 384 033 元；交通费 120 300 元；管理用固定资产折旧费 380 000 元；商标权摊销额 60 000 元；未形成无形资产计入当期损益的新产品研究开发费用 400 000 元；合计 10 671 311 元。

（6）财务费用：年初向工商银行借款 10 000 000 元，用于生产经营，年利率为 6%；年初向恒通贸易公司借款 2 000 000 元，用于生产经营，年利率为 11%；另支付逾期归还银行贷款的罚息 10 000 元；合计 830 000 元。

（7）资产减值损失：坏账损失 281 666 元；无形资产减值损失 20 000 元；合计 301 666 元。

（8）公允价值变动收益：交易性金融资产公允价值变动收益 30 000 元。

（9）投资收益：国债利息收入 210 000 元，金融债券利息收入 80 000 元；长期股权投资境内投资收益 100 000 元，境外投资收益 300 000 元；合计 690 000 元。

（10）营业外收入：处置固定资产净收益 88 312 元，非货币性资产交易收益 55 985 元；合计 144 297 元。

（11）营业外支出：债务重组损失 108 312 元；缴纳税收罚款 45 600 元；通过民政局向贫困山区捐款 550 000 元，通过希望工程基金会向贵州某希望小学捐款 400 000 元；支付另一企业合同违约金 60 000 元；合计 1 163 912 元。

（12）交易性金融资产：期初金额为零，期末投资成本为 350 000 元，公允价值为 380 000 元。

（13）应收款项：期初应收账款余额 12 625 600 元，期初坏账准备账户余额 631 280 元；期末应收账款余额 14 658 920 元，本期实际发生坏账损失 230 000 元，本期收回已核销的坏账 50 000 元；本期增提坏账准备 281 666 元；期末坏账准备账户余额 732 946 元。本企业采用备抵法按应收款项借方余额百分比计提坏账准备，企业估计坏账比例为 5%。

（14）持有至到期投资：国债投资 3 000 000 元，取得国债利息收入 210 000 元；金融债券投资 1 000 000 元，取得金融债券利息收入 80 000 元。

（15）长期股权投资：对深圳 A 居民企业直接投资 1 000 000 元，占被投资企业所有者权益的比例为 10%，从 A 企业分回税后利润 100 000 元，其所得税税率为 25%；对甲国 B 企业直接投资 3 000 000 元，占被投资企业所有者权益的比例为 5%，从 B 企业分回利润 300 000 元，其所得税税率为 40%。

（16）固定资产：厂房原值 5 000 000 元，办公楼原值 6 000 000 元，房屋建筑物采用直线法计提折旧，折旧年限 20 年，厂房当年折旧额 250 000 元，办公楼当年折旧额 300 000 元；生产用机器设备原值 6 800 000 元，机器设备采用直线法计提折旧，折旧年限 10 年，当年折旧额 680 000 元；汽车运输工具原值 800 000 元，运输工具采用直线法计提折旧，折旧年限 10 年，当年折旧额 80 000 元；电子设备原值 600 000 元，电子设备采用年数总和法计提折旧，折旧年限 5 年，当年折旧额 160 000 元。税法规定上述固定资产均采用直线法计提折旧。

(17) 无形资产：专利权原值 2 000 000 元，商标权原值 600 000 元，上述无形资产采用直线法进行摊销，摊销年限 10 年，专利权当年摊销额 200 000 元，商标权当年摊销额 60 000 元，专利权计提无形资产减值准备 20 000 元；非专利技术为研究开发活动形成的无形资产，其原值 3 000 000 元，非专利技术采用直线法进行摊销，摊销年限为 10 年，非专利技术当年摊销额 300 000 元。税法规定上述无形资产均采用直线法进行摊销，研究开发形成的非专利技术按 150% 采用直线法进行摊销。

(18) 资产减值准备：本期增提坏账准备 281 666 元；专利权计提无形资产减值准备 20 000 元；合计 301 666 元。

(19) 职工薪酬：工资总额 18 844 308 元，按工资总额和规定的比例计提职工福利费 942 215.4 元，社会保险费 6 143 244.41 元，住房公积金 2 261 316.96 元，职工教育经费 565 329.24 元，职工工会经费 471 107.7 元；合计 29 227 521.71 元。

(20) 2009 年发生亏损 808 880 元，2010 年已弥补亏损 253 900 元，2011 年已弥补亏损 352 950 元，以前年度未弥补的亏损 202 030 元。

(21) 本年度累计已预缴企业所得税 501 240 元。

【解析】 根据上述资料，北京宏虹股份有限公司 2012 年度企业所得税纳税申报如下：

(一) 计算填列企业所得税年度纳税申报表及其附表

第一步：年终汇算清缴企业所得税的分析计算过程。

1. 利润总额计算

(1) 营业收入（见附表一 (1)，表 2-22)：

营业收入＝营业收入合计＝80 593 198 元

(2) 营业成本（见附表二 (1)，表 2-23)：

营业成本＝主营业务成本＋其他业务成本＝50 346 464＋848 140＝51 194 604 (元)

(3) 营业税金及附加：

营业税金及附加＝1 364 616.83 元

(4) 销售费用（见附表二 (1)，表 2-23)：

销售费用＝13 767 384.74 元

(5) 管理费用（见附表二 (1)，表 2-23)：

管理费用＝10 671 311 元

(6) 财务费用（见附表二 (1)，表 2-23)：

财务费用＝830 000 元

(7) 资产减值损失：

资产减值损失＝301 666 元

(8) 公允价值变动收益：

公允价值变动收益＝30 000 元

(9) 投资收益：

投资收益＝690 000 元

（10）营业利润：

营业利润＝营业收入－营业成本－营业税金及附加－销售费用－管理费用－财务费用－资产减值损失＋公允价值变动收益＋投资收益＝80 593 198－51 194 604－1 364 616.83－13 767 384.74－10 671 311－830 000－301 666＋30 000＋690 000＝3 183 615.43（元）

（11）营业外收入（见附表一（1），表2-22）：

营业外收入＝144 297 元

（12）营业外支出（见附表二（1），表2-23）：

营业外支出＝1 163 912 元

（13）利润总额：

利润总额＝营业利润＋营业外收入－营业外支出＝3 183 615.43＋144 297－1 163 912＝2 164 000.43（元）

2. 应纳税所得额计算

（1）纳税调整增加额（见附表三，表2-24）：

①视同销售收入纳税调增金额＝533 215 元（见附表一（1），表2-22）

②工资薪金支出纳税调增金额＝0 元，因为工资薪金支出 18 844 308 元为符合税法规定的工资薪金支出。

③职工福利费支出纳税调增金额＝0 元，因为职工福利费支出 942 215.4 元低于税法规定的职工福利费支出标准 2 638 203.12 元（工资薪金支出 18 844 308 元×税法规定的职工福利费提取比例 14％）。

④职工教育经费支出纳税调增金额＝职工教育经费支出－工资薪金支出×税法规定的职工教育经费提取比例＝565 329.24－18 844 308×2.5％＝565 329.24－471 107.7＝94 221.54（元），本年度调增金额 94 221.54 元准予结转以后纳税年度扣除。

⑤工会经费支出纳税调增金额＝工会经费支出－工资薪金支出×税法规定的工会经费提取比例＝471 107.7－18 844 308×2％＝471 107.7－376 886.16＝94 221.54（元）

⑥业务招待费支出纳税调增金额＝业务招待费支出－准予扣除的业务招待费＝402 524－241 514.4＝161 009.6（元），因为业务招待费发生额的 60％为 241 514.4 元（402 524×60％）低于业务招待费扣除标准 405 632.07 元［销售（营业）收入 81 126 413 元×5‰］，所以业务招待费准予按 241 514.4 元税前扣除。

⑦广告费和业务宣传费支出纳税调增金额＝0 元（见附表八，表2-29），因为广告费和业务宣传费支出 11 817 567.36 元低于税法规定的广告费和业务宣传费支出标准 12 168 961.95 元［销售（营业）收入 81 126 413 元×税法规定的广告费和业务宣传费扣除比例 15％］。

⑧捐赠支出纳税调增金额＝捐赠支出－2012 年度会计利润总额×税法规定的捐赠扣除比例＝950 000－2 164 000.43×12％＝950 000－259 680.05＝690 319.95（元）

⑨利息支出纳税调增金额＝利息支出－税法规定准予扣除的利息支出＝（10 000 000×6％＋2 000 000×11％＋10 000）－（10 000 000×6％＋2 000 000×6％＋10 000）＝830 000－730 000＝100 000（元）

⑩住房公积金纳税调增金额＝0 元，因为住房公积金支出 2 261 316.96 元为符合税法规定的住房公积金。

⑪罚金、罚款和被没收财物的损失纳税调增金额＝45 600 元，因为罚金、罚款和被没收财物的损失不得税前扣除，但支付另一企业合同违约金不属于行政性罚款，可以税前

扣除。

⑫赞助支出纳税调增金额＝100 000元，因为赞助支出不得税前扣除。

⑬各类基本社会保障性缴款纳税调增金额＝0元，因为基本社会保障性缴款6 143 244.41元为符合税法规定的基本社会保障性缴款。

⑭固定资产折旧纳税调增金额＝本年度会计核算实际计提的固定资产折旧－本期按税法规定允许计提的固定资产折旧＝1 470 000－1 430 000＝40 000（元）（见附表九，表2-30）

⑮坏账准备纳税调增金额＝本年度会计核算实际提取的坏账准备－本期按税法规定允许税前扣除的坏账损失＝281 666－180 000＝101 666（元）（见附表十，表2-31）

本年度会计核算实际提取的坏账准备＝期末应收账款余额×企业实际坏账准备提取比例－（期初坏账准备账户余额－本期实际发生的坏账＋本期收回已核销的坏账）＝14 658 920×5%－（631 280－230 000＋50 000）＝281 666（元）

本期按税法规定允许税前扣除的坏账损失＝本期实际发生的坏账损失－本期收回已核销的坏账＝230 000－50 000＝180 000（元）

⑯无形资产减值准备纳税调增金额＝专利权计提无形资产减值准备－0＝20 000－0＝20 000（元）（见附表十，表2-31）

⑰纳税调整增加额＝视同销售收入纳税调增金额＋工资薪金支出纳税调增金额＋职工福利费支出纳税调增金额＋职工教育经费支出纳税调增金额＋工会经费支出纳税调增金额＋业务招待费支出纳税调增金额＋广告费和业务宣传费支出纳税调增金额＋捐赠支出纳税调增金额＋利息支出纳税调增金额＋住房公积金纳税调增金额＋罚金、罚款和被没收财物的损失纳税调增金额＋赞助支出纳税调增金额＋各类基本社会保障性缴款纳税调增金额＋固定资产折旧纳税调增金额＋坏账准备纳税调增金额＋无形资产减值准备纳税调增金额＝533 215＋0＋0＋94 221.54＋94 221.54＋161 009.6＋0＋690 319.95＋100 000＋0＋45 600＋100 000＋0＋40 000＋101 666＋20 000＝1 980 253.63（元）

（2）纳税调整减少额（见附表三，表2-24）：

①公允价值变动净收益纳税调减金额＝30 000元（见附表七，表2-28）

②境外应税所得纳税调减金额＝300 000元（见附表六，表2-27）

③免税收入纳税调减金额＝210 000＋100 000＝310 000（元）（见附表五，表2-26），因为国债利息收入和取得直接投资其他居民企业的权益性收益免税，但国家重点建设债券和金融债券应按规定纳税。

④视同销售成本纳税调减金额＝373 250元（见附表二（1），表2-23）

⑤广告费和业务宣传费支出纳税调减金额＝112 621.9（元）（见附表八，表2-29），为本年扣除的以前年度广告费和业务宣传费结转额。

⑥加计扣除纳税调减金额＝400 000×50%＝200 000（元）（见附表五，表2-26），因未形成无形资产计入当期损益的新产品研究开发费用准予加计50%税前扣除。

⑦无形资产摊销纳税调减金额＝本期按税法规定允许摊销的无形资产－本年度会计核算实际摊销的无形资产＝710 000－560 000＝150 000（元）（见附表九，表2-30）

⑧纳税调整减少额＝公允价值变动净收益纳税调减金额＋境外应税所得纳税调减金额＋免税收入纳税调减金额＋视同销售成本纳税调减金额＋广告费和业务宣传费支出纳税调减金额＋加计扣除纳税调减金额＋无形资产摊销纳税调减金额＝30 000＋300 000＋

310 000＋373 250＋112 621.9＋200 000＋150 000＝1 475 871.9（元）

（3）纳税调整后所得：

纳税调整后所得＝利润总额＋纳税调整增加额－纳税调整减少额＝2 164 000.43＋1 980 253.63－1 475 871.9＝2 668 382.16（元）

（4）弥补以前年度亏损（见附表四，表2-25）：

弥补以前年度亏损＝202 030元

（5）应纳税所得额：

应纳税所得额＝纳税调整后所得－弥补以前年度亏损＝2 668 382.16－202 030＝2 466 352.16（元）

3. 应纳税额计算

（1）所得税税率：

所得税税率＝25％

（2）应纳所得税额：

应纳所得税额＝应纳税所得额×所得税税率＝2 466 352.16×25％＝616 588.04（元）

（3）（实际）应纳税额：

（实际）应纳税额＝应纳所得税额－减免所得税额－抵免所得税额＝616 588.04－0－0＝616 588.04（元）

（4）境外所得应纳所得税额（见附表六，表2-27）：

境外所得应纳所得税额＝境外应纳税所得额×所得税税率＝300 000÷（1－40％）×25％＝125 000（元）

（5）境外所得抵免所得税额（见附表六，表2-27）：

①来源于甲国的应纳税所得额＝300 000÷（1－40％）＝500 000（元）

②中国境内、境外应纳税所得总额＝2 466 352.16＋500 000＝2 966 352.16（元）

③中国境内、境外所得依照企业所得税法和条例规定计算的应纳税总额＝中国境内、境外应纳税所得总额×所得税税率＝2 966 352.16×25％＝741 588.04（元）

④甲国抵免限额＝中国境内、境外所得依照企业所得税法和条例规定计算的应纳税总额×来源于甲国的应纳税所得额÷中国境内、境外应纳税所得总额＝741 588.04×（500 000÷2 966 352.16）＝125 000（元）

⑤在甲国已纳税款＝500 000×40％＝200 000（元）

⑥在甲国缴纳的所得税款200 000元，高于抵免限额125 000元，应按抵免限额125 000元扣除，其超过扣除限额的部分75 000元（200 000－125 000）当年不能扣除，但可用以后年度税额扣除的余额补扣。

⑦境外所得抵免所得税额＝125 000元

（6）（境内外）实际应纳所得税额：

（境内外）实际应纳所得税额＝（实际）应纳税额＋境外所得应纳所得税额－境外所得抵免所得税额＝616 588.04＋125 000－125 000＝616 588.04（元）

（7）本年累计实际已预缴的所得税额：

本年累计实际已预缴的所得税额＝501 240元

（8）本年应补（退）的所得税额：

本年应补（退）的所得税额＝（境内外）实际应纳所得税额－本年累计实际已预缴的

所得税额＝616 588.04－501 240＝115 348.04（元）

综上，本公司根据企业所得税法的规定，在年度终了后5个月内进行汇算清缴，2012年应补缴的所得税额为115 348.04元。

第二步，根据纳税申报的要求填列企业所得税年度纳税申报表及其附表。

表 2-21　　　　　中华人民共和国企业所得税年度纳税申报表（A类）

税款所属期间：2012 年 01 月 01 日至 2012 年 12 月 31 日

纳税人名称：北京宏虹股份有限公司

纳税人识别号：　1　1　0　1　0　8　1　0　4　7　8　9　5　2　8　　　　　　金额单位：人民币元（列至角分）

类别	行次	项　目	金　额
利润总额计算	1	一、营业收入（填附表一）	80 593 198.00
	2	减：营业成本（填附表二）	51 194 604.00
	3	营业税金及附加	1 364 616.83
	4	销售费用（填附表二）	13 767 384.74
	5	管理费用（填附表二）	10 671 311.00
	6	财务费用（填附表二）	830 000.00
	7	资产减值损失	301 666.00
	8	加：公允价值变动收益	30 000.00
	9	投资收益	690 000.00
	10	二、营业利润（1－2－3－4－5－6－7＋8＋9）	3 183 615.43
	11	加：营业外收入（填附表一）	144 297.00
	12	减：营业外支出（填附表二）	1 163 912.00
	13	三、利润总额（10＋11－12）	2 164 000.43
应纳税所得额计算	14	加：纳税调整增加额（填附表三）	1 980 253.63
	15	减：纳税调整减少额（填附表三）	1 475 871.90
	16	其中：不征税收入	0.00
	17	免税收入	310 000.00
	18	减计收入	0.00
	19	减、免税项目所得	0.00
	20	加计扣除	200 000.00
	21	抵扣应纳税所得额	0.00
	22	加：境外应税所得弥补境内亏损	0.00
	23	纳税调整后所得（13＋14－15＋22）	2 668 382.16
	24	减：弥补以前年度亏损（填附表四）	202 030.00
	25	应纳税所得额（23－24）	2 466 352.16
应纳税额计算	26	税率（25%）	25%
	27	应纳所得税额（25×26）	616 588.04
	28	减：减免所得税额（填附表五）	0.00
	29	减：抵免所得税额（填附表五）	0.00

续表

类 别	行次	项 目	金 额
应纳税额计算	30	（实际）应纳税额（27－28－29）	616 588.04
	31	加：境外所得应纳所得税额（填附表六）	125 000.00
	32	减：境外所得抵免所得税额（填附表六）	125 000.00
	33	（境内外）实际应纳所得税额（30＋31－32）	616 588.04
	34	减：本年累计实际已预缴的所得税额	501 240.00
	35	其中：汇总纳税的总机构分摊预缴的税额	
	36	汇总纳税的总机构财政调库预缴的税额	
	37	汇总纳税的总机构所属分支机构分摊的预缴税额	
	38	合并纳税（母子体制）成员企业就地预缴比例	
	39	合并纳税企业就地预缴的所得税额	
	40	本年应补（退）的所得税额（33－34）	115 348.04
附列资料	41	以前年度多缴的所得税额在本年抵减额	0.00
	42	以前年度应缴未缴在本年入库所得税额	0.00

纳税人公章： 经办人： 申报日期： 年 月 日	代理申报中介机构公章： 经办人及执业证件号码： 代理申报日期： 年 月 日	主管税务机关受理专用章： 受理人： 受理日期： 年 月 日

填报说明

（一）适用范围

本表适用于实行查账征收企业所得税的居民纳税人（以下简称纳税人）填报。

（二）填报依据和内容

根据《中华人民共和国企业所得税法》及其实施条例、相关税收政策，以及国家统一会计制度（企业会计制度、企业会计准则、小企业会计制度、分行业会计制度、事业单位会计制度和民间非营利组织会计制度）的规定，填报计算纳税人利润总额、应纳税所得额、应纳税额和附列资料等有关项目。

（三）有关项目填报说明

1. 表头项目

（1）"税款所属期间"：正常经营的纳税人，填报公历当年1月1日至12月31日；纳税人年度中间开业的，填报实际生产经营之日的当月1日至同年12月31日；纳税人年度中间发生合并、分立、破产、停业等情况的，填报公历当年1月1日至实际停业或法院裁定并宣告破产之日的当月月末；纳税人年度中间开业且年度中间又发生合并、分立、破产、停业等情况的，填报实际生产经营之日的当月1日至实际停业或法院裁定并宣告破产之日的当月月末。

（2）"纳税人识别号"：填报税务机关统一核发的税务登记证号码。

（3）"纳税人名称"：填报税务登记证所载纳税人的全称。

2. 表体项目

本表是在纳税人会计利润总额的基础上，加减纳税调整额后计算出"纳税调整后所得"（应纳税所得额）。会计与税法的差异（包括收入类、扣除类、资产类等差异）通过纳税调整项目明细表（附表三）集中体现。

本表包括利润总额计算、应纳税所得额计算、应纳税额计算和附列资料四个部分。

（1）"利润总额计算"中的项目，按照国家统一会计制度口径计算填报。实行企业会计准则的纳税人，其数据直接取自损益表；实行其他国家统一会计制度的纳税人，与本表不一致的项目，按照其利润表项目进行分析填报。

利润总额部分的收入、成本、费用明细项目，一般工商企业纳税人，通过附表一（1）收入明细表和附表二（1）成本费用明细表相应栏次填报。

（2）"应纳税所得额计算"和"应纳税额计算"中的项目，除根据主表逻辑关系计算的外，通过附表相应栏次填报。

（3）"附列资料"填报用于税源统计分析的上一纳税年度税款在本纳税年度抵减或入库金额。

3. 行次说明

本表第1行至第13行，原则上按会计口径填写。

（1）第1行"营业收入"：填报纳税人主要经营业务和其他经营业务取得的收入总额。本行根据"主营业务收入"和"其他业务收入"科目的数额计算填报。一般工商企业纳税人，通过附表一（1）收入明细表计算填报。

（2）第2行"营业成本"项目：填报纳税人主要经营业务和其他经营业务发生的成本总额。本行根据"主营业务成本"和"其他业务成本"科目的数额计算填报。一般工商企业纳税人，通过附表二（1）成本费用明细表计算填报。

（3）第3行"营业税金及附加"：填报纳税人经营活动发生的营业税、消费税、城市维护建设税、资源税、土地增值税和教育费附加等相关税费。本行根据"营业税金及附加"科目的数额计算填报。

（4）第4行"销售费用"：填报纳税人在销售商品和材料、提供劳务的过程中发生的各种费用。本行根据"销售费用"科目的数额计算填报。

（5）第5行"管理费用"：填报纳税人为组织和管理企业生产经营发生的管理费用。本行根据"管理费用"科目的数额计算填报。

（6）第6行"财务费用"：填报纳税人为筹集生产经营所需资金等发生的筹资费用。本行根据"财务费用"科目的数额计算填报。

（7）第7行"资产减值损失"：填报纳税人计提各项资产准备发生的减值损失。本行根据"资产减值损失"科目的数额计算填报。

（8）第8行"公允价值变动收益"：填报纳税人交易性金融资产、交易性金融负债，以及采用公允价值模式计量的投资性房地产、衍生工具、套期保值业务等公允价值变动形成的应计入当期损益的利得或损失。本行根据"公允价值变动损益"科目的数额计算填报。

（9）第9行"投资收益"：填报纳税人以各种方式对外投资确认所取得的收益或发生的损失。本行根据"投资收益"科目的数额计算填报。

（10）第10行"营业利润"：填报纳税人当期的营业利润。根据上述项目计算填列。

（11）第11行"营业外收入"：填报纳税人发生的与其经营活动无直接关系的各项收入。本行根据"营业外收入"科目的数额计算填报。一般工商企业纳税人，通过附表一（1）收入明细表相关项目计算填报。

（12）第12行"营业外支出"：填报纳税人发生的与其经营活动无直接关系的各项支

出。本行根据"营业外支出"科目的数额计算填报。一般工商企业纳税人，通过附表二（1）成本费用明细表相关项目计算填报。

（13）第13行"利润总额"：填报纳税人当期会计核算的利润总额。

（14）第14行"纳税调整增加额"：填报纳税人会计处理与税收规定不一致，进行纳税调整增加的金额。本行通过附表三纳税调整项目明细表"调增金额"列计算填报。

（15）第15行"纳税调整减少额"：填报纳税人会计处理与税收规定不一致，进行纳税调整减少的金额。本行通过附表三纳税调整项目明细表"调减金额"列计算填报。

（16）第16行"不征税收入"：填报纳税人计入利润总额但属于税收规定不征税的财政拨款、依法收取并纳入财政管理的行政事业性收费、政府性基金、以及国务院财税部门规定的其他不征税收入。

（17）第17行"免税收入"：填报纳税人计入利润总额但属于税收规定免税的收入或收益，包括国债利息收入；符合条件的居民企业之间的股息、红利等权益性投资收益；从居民企业取得与该机构、场所有实际联系的股息、红利等权益性投资收益；符合条件的非营利组织的非营利性收入。本行通过附表五税收优惠明细表第1行计算填报。

（18）第18行"减计收入"：填报纳税人以资源综合利用企业所得税优惠目录规定的资源作为主要原材料，生产国家非限制和禁止并符合国家和行业相关标准的产品取得收入10%的数额。本行通过附表五税收优惠明细表第6行计算填报。

（19）第19行"减、免税项目所得"：填报纳税人按照税收规定减征、免征企业所得税的所得额。本行通过附表五税收优惠明细表第14行计算填报。

（20）第20行"加计扣除"：填报纳税人开发新技术、新产品、新工艺发生的研究开发费用，以及安置残疾人员及国家鼓励安置的其他就业人员所支付的工资，符合税收规定条件的准予按照支出额一定比例，在计算应纳税所得额时加计扣除的金额。本行通过附表五税收优惠明细表第9行计算填报。

（21）第21行"抵扣应纳税所得额"：填报创业投资企业采取股权投资方式投资于未上市的中小高新技术企业2年以上的，可以按照其投资额的70%在股权持有满2年的当年抵扣该创业投资企业的应纳税所得额。当年不足抵扣的，可以在以后纳税年度结转抵扣。本行通过附表五税收优惠明细表第39行计算填报。

（22）第22行"境外应税所得弥补境内亏损"：填报纳税人根据税收规定，境外所得可以弥补境内亏损的数额。

（23）第23行"纳税调整后所得"：填报纳税人经过纳税调整计算后的所得额。

当本表第23行<0时，即为可结转以后年度弥补的亏损额；如本表第23行>0时，继续计算应纳税所得额。

（24）第24行"弥补以前年度亏损"：填报纳税人按照税收规定可在税前弥补的以前年度亏损的数额。

本行通过附表四企业所得税弥补亏损明细表第6行第10列填报。但不得超过本表第23行"纳税调整后所得"。

（25）第25行"应纳税所得额"：金额等于本表第23—第24行。

本行不得为负。本表第23行或者按照上述行次顺序计算结果本行为负数，本行金额填零。

（26）第26行"税率"：填报税法规定的税率25%。

（27）第27行"应纳所得税额"：金额等于本表第25×第26行。

（28）第28行"减免所得税额"：填报纳税人按税收规定实际减免的企业所得税额，包括小型微利企业、国家需要重点扶持的高新技术企业、软件和集成电路企业、动漫企业、技术服务型企业、民族自治地区减免税企业、享受减免税优惠过渡政策的企业，其法定税率与实际执行税率的差额，以及其他享受企业所得税减免税的数额。本行通过附表五税收优惠明细表第33行计算填报。

（29）第29行"抵免所得税额"：填报纳税人购置用于环境保护、节能节水、安全生产等专用设备的投资额，其设备投资额的10%可以从企业当年的应纳所得税额中抵免的金额；当年不足抵免的，可以在以后5个纳税年度结转抵免。本行通过附表五税收优惠明细表第40行计算填报。

（30）第30行"（实际）应纳税额"：金额等于本表第27-第28-第29行。

（31）第31行"境外所得应纳所得税额"：填报纳税人来源于中国境外的所得，按照《企业所得税法》及其实施条例，以及相关税收规定计算的应纳所得税额。

（32）第32行"境外所得抵免所得税额"：填报纳税人来源于中国境外所得依照中国境外税收法律以及相关规定应缴纳并实际缴纳的企业所得税性质的税款，准予抵免的数额。

企业已在境外缴纳的所得税额，小于抵免限额的，"境外所得抵免所得税额"按其在境外实际缴纳的所得税额填报；大于抵免限额的，按抵免限额填报，超过抵免限额的部分，可以在以后5个年度内，用每年度抵免限额抵免当年应抵税额后的余额进行抵补。

（33）第33行"（境内外）实际应纳所得税额"：填报纳税人当期的实际应纳所得税额。

（34）第34行"本年累计实际已预缴的所得税额"：填报纳税人按照税收规定本纳税年度已在月（季）度累计预缴的所得税款。

（35）第35行"汇总纳税的总机构分摊预缴的税额"：填报汇总纳税的总机构按照税收规定已在月（季）度在总机构所在地累计预缴的所得税款。

附报中华人民共和国企业所得税汇总纳税分支机构企业所得税分配表。

（36）第36行"汇总纳税的总机构财政调库预缴的税额"：填报汇总纳税的总机构按照税收规定已在月（季）度在总机构所在地累计预缴在财政调节专户的所得税款。

附报中华人民共和国企业所得税汇总纳税分支机构企业所得税分配表。

（37）第37行"汇总纳税的总机构所属分支机构分摊的预缴税额"：填报汇总纳税的分支机构已在月（季）度在分支机构所在地累计分摊预缴的所得税款。

附报中华人民共和国企业所得税汇总纳税分支机构企业所得税分配表。

（38）第38行"合并纳税（母子体制）成员企业就地预缴比例"：填报经国务院批准的实行合并纳税（母子体制）的成员企业按照税收规定就地预缴税款的比例。

（39）第39行"合并纳税企业就地预缴的所得税额"：填报合并纳税的成员企业已在月（季）度累计预缴的所得税款。

（40）第40行"本年应补（退）的所得税额"：填报纳税人当期应补（退）的所得税额。

（41）第41行"以前年度多缴的所得税在本年抵减额"：填报纳税人以前纳税年度汇算清缴多缴的税款尚未办理退税、并在本纳税年度抵缴的所得税额。

（42）第42行"以前年度应缴未缴在本年入库所得额"：填报纳税人以前纳税年度损益调整税款、以前年度欠缴而在本年度入库的税款、上一纳税年度第四季度预缴税款和汇算清缴的税款，在本纳税年度入库所得税额。

（四）表内及表间关系

1. 第1行＝附表一（1）第2行。

2. 第2行＝附表二（1）第2＋第7行。

3. 第10行＝本表第1－第2－第3－第4－第5－第6－第7＋第8＋第9行。

4. 第11行＝附表一（1）第17行。

5. 第12行＝附表二（1）第16行。

6. 第13行＝本表第10＋第11－第12行。

7. 第14行＝附表三第55行第3列合计。

8. 第15行＝附表三第55行第4列合计。

9. 第16行＝附表三第14行第4列。

10. 第17行＝附表五第1行。

11. 第18行＝附表五第6行。

12. 第19行＝附表五第14行。

13. 第20行＝附表五第9行。

14. 第21行＝附表五第39行。

15. 第22行＝附表六第7列合计（当本表第13＋第14－第15行≥0时，本行＝0）。

16. 第23行＝本表第13＋第14－第15＋第22行。

17. 第24行＝附表四第6行第10列。

18. 第25行＝本表第23－第24行（当本行＜0时，则先调整第21行的数据，使本行≥0；当第21行＝0时，第23－第24行≥0）。

19. 第26行填报25％。

20. 第27行＝本表第25×第26行。

21. 第28行＝附表五第33行。

22. 第29行＝附表五第40行。

23. 第30行＝本表第27－第28－第29行。

24. 第31行＝附表六第10列合计。

25. 第32行＝附表六第13列合计＋第15列合计或附表六第17列合计。

26. 第33行＝本表第30＋第31－第32行。

27. 第40行＝本表第33－第34行。

附表一（1）

表 2-22　　　　　　　　　　　　　**收入明细表**

填报日期：2013 年 5 月 15 日　　　　　　　　　　　　金额单位：人民币元（列至角分）

行次	项　　目	金　额
1	一、销售（营业）收入合计（2＋13）	81 126 413.00
2	（一）营业收入合计（3＋8）	80 593 198.00
3	1. 主营业务收入（4＋5＋6＋7）	79 386 450.00
4	（1）销售货物	79 133 200.00
5	（2）提供劳务	253 250.00

续表

行次	项　　目	金　额
6	（3）让渡资产使用权	
7	（4）建造合同	
8	2. 其他业务收入（9＋10＋11＋12）	1 206 748.00
9	（1）材料销售收入	1 138 378.00
10	（2）代购代销手续费收入	
11	（3）包装物出租收入	68 370.00
12	（4）其他	
13	（二）视同销售收入（14＋15＋16）	533 215.00
14	1. 非货币性交易视同销售收入	
15	2. 货物、财产、劳务视同销售收入	533 215.00
16	3. 其他视同销售收入	
17	二、营业外收入（18＋19＋20＋21＋22＋23＋24＋25＋26）	144 297.00
18	1. 固定资产盘盈	
19	2. 处置固定资产净收益	88 312.00
20	3. 非货币性资产交易收益	55 985.00
21	4. 出售无形资产收益	
22	5. 罚款净收入	
23	6. 债务重组收益	
24	7. 政府补助收入	
25	8. 捐赠收入	
26	9. 其他	

经办人（签章）：　　　　　　　　　　　　法定代表人（签章）：

填报说明

（一）适用范围

本表适用于执行企业会计制度、小企业会计制度、企业会计准则以及分行业会计制度的一般工商企业的居民纳税人填报。

（二）填报依据和内容

根据《中华人民共和国企业所得税法》及其实施条例、相关税收政策，以及企业会计制度、小企业会计制度、企业会计准则，以及分行业会计制度规定，填报"主营业务收入"、"其他业务收入"和"营业外收入"，以及根据税收规定确认的"视同销售收入"。

（三）有关项目填报说明

1. 第 1 行"销售（营业）收入合计"：填报纳税人根据国家统一会计制度确认的主营业务收入、其他业务收入，以及根据税收规定确认的视同销售收入。

本行数据作为计算业务招待费、广告费和业务宣传费支出扣除限额的计算基数。

2. 第 2 行"营业收入合计"：填报纳税人根据国家统一会计制度确认的主营业务收入和其它业务收入。

本行数额填入主表第 1 行。

3. 第 3 行"主营业务收入"：根据不同行业的业务性质分别填报纳税人按照国家统一会计制度核算的主营业务收入。

（1）第 4 行"销售货物"：填报从事工业制造、商品流通、农业生产以及其他商品销售企业取得的主营业务收入。

（2）第5行"提供劳务"：填报从事提供旅游饮食服务、交通运输、邮政通信、对外经济合作等劳务、开展其他服务的纳税人取得的主营业务收入。

（3）第6行"让渡资产使用权"：填报让渡无形资产使用权（如商标权、专利权、专有技术使用权、版权、专营权等）而取得的使用费收入以及以租赁业务为基本业务的出租固定资产、无形资产、投资性房地产在主营业务收入中核算取得的租金收入。

（4）第7行"建造合同"：填报纳税人建造房屋、道路、桥梁、水坝等建筑物，以及船舶、飞机、大型机械设备等取得的主营业务收入。

4．第8行"其他业务收入"：根据不同行业的业务性质分别填报纳税人按照国家统一会计制度核算的其他业务收入。

（1）第9行"材料销售收入"：填报纳税人销售材料、下脚料、废料、废旧物资等取得的收入。

（2）第10行"代购代销手续费收入"：填报纳税人从事代购代销、受托代销商品取得的手续费收入。不包括以买断方式进行代销的业务，此项业务填入本表第4行。

（3）第11行"包装物出租收入"：填报纳税人出租、出借包装物取得的租金和逾期未退包装物没收的押金。

（4）第12行"其他"：填报纳税人按照国家统一会计制度核算、上述未列举的其他业务收入。

5．第13行"视同销售收入"：填报纳税人会计上不作为销售核算，但按照税收规定视同销售确认的应税收入。

（1）第14行"非货币性交易视同销售收入"：填报纳税人发生非货币性交易行为，会计核算未确认或未全部确认损益，按照税收规定应视同销售确认应税收入。

纳税人按照国家统一会计制度已确认的非货币性交易损益的，直接填报非货币性交易换出资产公允价值与已确认的非货币交易收益的差额。

（2）第15行"货物、财产、劳务视同销售收入"：填报纳税人将货物、财产、劳务用于捐赠、偿债、赞助、集资、广告、样品、职工福利或者利润分配等用途的，按照税收规定应视同销售确认应税收入。

（3）第16行"其他视同销售收入"：填报除上述项目外，按照税收规定其他视同销售确认应税收入。

6．第17行"营业外收入"：填报纳税人与生产经营无直接关系的各项收入的金额。本行数据填入主表第11行。

（1）第18行"固定资产盘盈"：填报纳税人在资产清查中发生的固定资产盘盈。

（2）第19行"处置固定资产净收益"：填报纳税人因处置固定资产而取得的净收益。

（3）第20行"非货币性资产交易收益"：填报纳税人发生的非货币性交易按照国家统一会计制度确认为损益的金额。执行企业会计准则的纳税人，发生具有商业实质且换出资产为固定资产、无形资产的非货币性交易，填报其换出资产公允价值和换出资产账面价值的差额；执行企业会计制度和小企业会计制度的纳税人，填报与收到补价相对应的收益额。

（4）第21行"出售无形资产收益"：填报纳税人处置无形资产而取得净收益的金额。

（5）第22行"罚款收入"：填报纳税人在日常经营管理活动中取得的罚款收入。

（6）第23行"债务重组收益"：填报纳税人发生的债务重组行为确认的债务重组利得。

（7）第24行"政府补助收入"：填报纳税人从政府无偿取得的货币性资产或非货币性资产的金额，包括补贴收入。

（8）第25行"捐赠收入"：适用企业会计准则的纳税人填报接受的来自其他企业、组织或者个人无偿给予的货币性资产、非货币性资产捐赠，确认的收入。执行会计制度的纳税人不填写本行。

（9）第26行"其他"：填报纳税人按照国家统一会计制度核算、上述项目未列举的其他营业外收入。

（四）表内及表间关系

1. 表内关系

（1）第1行＝本表第2＋第13行。

（2）第2行＝本表第3＋第8行。

（3）第3行＝本表第4＋第5＋第6＋第7行。

（4）第8行＝本表第9＋第10＋第11＋第12行。

（5）第13行＝本表第14＋第15＋第16行。

（6）第17行＝本表第18至第26行合计。

2. 表间关系

（1）第1行＝附表八第4行。

（2）第2行＝主表第1行。

（3）第13行＝附表三第2行第3列。

（4）第17行＝主表第11行。

附表二（1）

表 2-23　　　　　　　　　　　　　　　　成本费用明细表

填报日期：2013 年 5 月 15 日　　　　　　　　　　金额单位：人民币元（列至角分）

行次	项　目	金　额
1	一、销售（营业）成本合计（2＋7＋12）	51 567 854.00
2	（一）主营业务成本（3＋4＋5＋6）	50 346 464.00
3	1. 销售货物成本	50 194 514.00
4	2. 提供劳务成本	151 950.00
5	3. 让渡资产使用权成本	
6	4. 建造合同成本	
7	（二）其他业务成本（8＋9＋10＋11）	848 140.00
8	1. 材料销售成本	796 865.00
9	2. 代购代销费用	
10	3. 包装物出租成本	51 275.00
11	4. 其他	
12	（三）视同销售成本（13＋14＋15）	373 250.00
13	1. 非货币性交易视同销售成本	
14	2. 货物、财产、劳务视同销售成本	373 250.00
15	3. 其他视同销售成本	
16	二、营业外支出（17＋18＋……＋24）	1 163 912.00

续表

行次	项　　目	金　额
17	1. 固定资产盘亏	
18	2. 处置固定资产净损失	
19	3. 出售无形资产损失	
20	4. 债务重组损失	108 312.00
21	5. 罚款支出	45 600.00
22	6. 非常损失	
23	7. 捐赠支出	950 000.00
24	8. 其他	60 000.00
25	三、期间费用（26＋27＋28）	25 268 695.74
26	1. 销售（营业）费用	13 767 384.74
27	2. 管理费用	10 671 311.00
28	3. 财务费用	830 000.00

经办人（签章）：　　　　　　　　　　法定代表人（签章）：

填报说明

（一）适用范围

本表适用于执行企业会计制度、小企业会计制度、企业会计准则，以及分行业会计制度的一般工商企业的居民纳税人填报。

（二）填报依据和内容

根据《中华人民共和国企业所得税法》及其实施条例、相关税收政策，以及企业会计制度、小企业会计制度、企业会计准则，以及分行业会计制度的规定，填报"主营业务成本"、"其他业务成本"和"营业外支出"，以及根据税收规定确认的"视同销售成本"。

（三）有关项目填报说明

1. 第1行"销售（营业）成本合计"：填报纳税人根据国家统一会计制度确认的主营业务成本、其他业务成本和按税收规定视同销售确认的成本。

2. 第2行"主营业务成本"：根据不同行业的业务性质分别填报纳税人按照国家统一会计制度核算的主营业务成本。

（1）第3行"销售货物成本"：填报从事工业制造、采掘业、商品流通、农业生产以及其他商品销售企业发生的主营业务成本。

（2）第4行"提供劳务成本"：填报从事提供旅游饮食服务、交通运输、邮政通信、对外经济合作等劳务、开展其他服务的纳税人发生的主营业务成本。

（3）第5行"让渡资产使用权成本"：填报让渡无形资产使用权（如商标权、专利权、专有技术使用权、版权、专营权等）发生的使用费成本以及以租赁业务为基本业务的出租固定资产、无形资产、投资性房地产在主营业务收入中核算发生的租金成本。

（4）第6行"建造合同成本"：填报纳税人建造房屋、道路、桥梁、水坝等建筑物，以及船舶、飞机、大型机械设备等发生的主营业务成本。

3. 第7行"其他业务成本"：根据不同行业的业务性质分别填报纳税人按照国家统一会计制度核算的其他业务成本。

（1）第8行"材料销售成本"：填报纳税人销售材料、下脚料、废料、废旧物资等发生的支出。

(2) 第 9 行"代购代销费用":填报纳税人从事代购代销、受托代销商品发生的支出。

(3) 第 10 行"包装物出租成本":填报纳税人出租、出借包装物发生的租金支出和逾期未退包装物发生的支出。

(4) 第 11 行"其他":填报纳税人按照国家统一会计制度核算、上述项目未列举的其他业务成本。

4. 第 12 行"视同销售成本":填报纳税人会计上不作为销售核算、但按照税收规定视同销售确认的应税成本。

本行数据填入附表三第 21 行第 4 列。

5. 第 16 至 24 行"营业外支出":填报纳税人与生产经营无直接关系的各项支出。

本行数据填入主表第 12 行。

(1) 第 17 行"固定资产盘亏":填报纳税人在资产清查中发生的固定资产盘亏。

(2) 第 18 行"处置固定资产净损失":填报纳税人因处置固定资产发生的净损失。

(3) 第 19 行"出售无形资产损失":填报纳税人因处置无形资产而发生的净损失。

(4) 第 20 行"债务重组损失":填报纳税人发生的债务重组行为按照国家统一会计制度确认的债务重组损失。

(5) 第 21 行"罚款支出":填报纳税人在日常经营管理活动中发生的罚款支出。

(6) 第 22 行"非常损失":填报纳税人按照国家统一会计制度规定在营业外支出中核算的各项非正常的财产损失。

(7) 第 23 行"捐赠支出":填报纳税人实际发生的货币性资产、非货币性资产捐赠、赞助支出。

(8) 第 24 行"其他":填报纳税人按照国家统一会计制度核算、上述项目未列举的其他营业外支出。

6. 第 25 至 28 行"期间费用":填报纳税人按照国家统一会计制度核算的销售(营业)费用、管理费用和财务费用的数额。

(1) 第 26 行"销售(营业)费用":填报纳税人在销售商品和材料、提供劳务的过程中发生的各种费用。本行根据"销售费用"科目的数额计算填报。本行数据填入主表第 4 行。

(2) 第 27 行"管理费用":填报纳税人为组织和管理企业生产经营发生的管理费用。本行根据"管理费用"科目的数额计算填报。本行数据填入主表第 5 行。

(3) 第 28 行"财务费用":填报纳税人为筹集生产经营所需资金等发生的筹资费用。本行根据"财务费用"科目的数额计算填报。本行数据填入主表第 6 行。

(四) 表内及表间关系

1. 表内关系

(1) 第 1 行=本表第 2+第 7+第 12 行。

(2) 第 2 行=本表第 3 行至第 6 行合计。

(3) 第 7 行=本表第 8 行至第 11 行合计。

(4) 第 12 行=本表第 13+第 14+第 15 行。

(5) 第 16 行=本表第 17 至第 24 行合计。

(6) 第 25 行=本表第 26+第 27+第 28 行。

2. 表间关系

（1）第 2＋第 7 行＝主表第 2 行。

（2）第 12 行＝附表三第 21 行第 4 列。

（3）第 16 行＝主表第 12 行。

（4）第 26 行＝主表第 4 行。

（5）第 27 行＝主表第 5 行。

（6）第 28 行＝主表第 6 行。

附表三

表 2-24 　　　　　　　　　　　　纳税调整项目明细表

填报日期：2013 年 5 月 15 日 　　　　　　　　　　金额单位：人民币元（列至角分）

行次	项　目	账载金额	税收金额	调增金额	调减金额
		1	2	3	4
1	一、收入类调整项目	＊	＊	533 215.00	640 000.00
2	1. 视同销售收入（填写附表一）	＊	＊	533 215.00	＊
♯3	2. 接受捐赠收入	＊			＊
4	3. 不符合税收规定的销售折扣和折让				＊
＊5	4. 未按权责发生制原则确认的收入				
＊6	5. 按权益法核算长期股权投资对初始投资成本调整确认收益	＊	＊	＊	
7	6. 按权益法核算的长期股权投资持有期间的投资损益	＊	＊		
＊8	7. 特殊重组				
＊9	8. 一般重组				
＊10	9. 公允价值变动净收益（填写附表七）	＊	＊		30 000.00
11	10. 确认为递延收益的政府补助				
12	11. 境外应税所得（填写附表六）	＊	＊	＊	300 000.00
13	12. 不允许扣除的境外投资损失	＊	＊		＊
14	13. 不征税收入（填写附表一（3））	＊	＊	＊	
15	14. 免税收入（填写附表五）	＊	＊	＊	310 000.00
16	15. 减计收入（填写附表五）	＊	＊	＊	0.00
17	16. 减、免项目所得（填写附表五）	＊	＊	＊	0.00
18	17. 抵扣应纳税所得额（填写附表五）	＊	＊	＊	0.00
19	18. 其他				
20	二、扣除类调整项目	＊	＊	1 285 372.63	685 871.90
21	1. 视同销售成本（填写附表二）	＊	＊	＊	373 250.00
22	2. 工资薪金支出	18 844 308.00	18 844 308.00	0.00	
23	3. 职工福利费支出	942 215.40	942 215.40	0.00	
24	4. 职工教育经费支出	565 329.24	471 107.70	94 221.54	
25	5. 工会经费支出	471 107.70	376 886.16	94 221.54	
26	6. 业务招待费支出	402 524.00	241 514.40	161 009.60	＊
27	7. 广告费和业务宣传费支出（填写附表八）	＊	＊	0.00	112 621.90
28	8. 捐赠支出	950 000.00	259 680.05	690 319.95	＊

续表

行次	项 目	账载金额 1	税收金额 2	调增金额 3	调减金额 4
29	9. 利息支出	830 000.00	730 000.00	100 000.00	
30	10. 住房公积金	2 261 316.96	2 261 316.96	0.00	*
31	11. 罚金、罚款和被没收财物的损失	45 600.00	*	45 600.00	*
32	12. 税收滞纳金		*		*
33	13. 赞助支出	100 000.00	*	100 000.00	* v
34	14. 各类基本社会保障性缴款	6 143 244.41	6 143 244.41	0.00	
35	15. 补充养老保险、补充医疗保险				
36	16. 与未实现融资收益相关在当期确认的财务费用				
37	17. 与取得收入无关的支出		*		*
38	18. 不征税收入用于支出所形成的费用		*		*
39	19. 加计扣除（填写附表五）	*	*	*	200 000.00
40	20. 其他				
41	三、资产类调整项目	*	*	40 000.00	150 000.00
42	1. 财产损失				
43	2. 固定资产折旧（填写附表九）	*	*	40 000.00	
44	3. 生产性生物资产折旧（填写附表九）	*	*		
45	4. 长期待摊费用的摊销（填写附表九）	*	*		
46	5. 无形资产摊销（填写附表九）	*	*		150 000.00
47	6. 投资转让、处置所得（填写附表十一）	*	*		
48	7. 油气勘探投资（填写附表九）	*	*		
49	8. 油气开发投资（填写附表九）	*	*		
50	9. 其他				
51	四、准备金调整项目（填写附表十）	*	*	121 666.00	
52	五、房地产企业预售收入计算的预计利润	*	*		
53	六、特别纳税调整应税所得	*	*		*
54	七、其他	*	*		
55	合 计	*	*	1 980 253.63	1 475 871.90

注：（1）标有 * 的行次为执行新会计准则的纳税人填列，标有 # 的行次为除执行新会计准则以外的纳税人填列。

（2）没有标注的行次，无论执行何种会计核算办法，有差异就填报相应行次，填 * 号不可填列。

（3）有二级附表的项目只填调增、调减金额，账载金额、税收金额不再填写。

经办人（签章）：   法定代表人（签章）：

填报说明

（一）适用范围

本表适用于实行查账征收企业所得税的居民纳税人填报。

（二）填报依据和内容

根据《中华人民共和国企业所得税法》及其实施条例、相关税收政策，以及国家统一会计制度的规定，填报企业财务会计处理与税收规定不一致、进行纳税调整项目的金额。

（三）有关项目填报说明

本表纳税调整项目按照"收入类调整项目"、"扣除类调整项目"、"资产类调整项目"、"准备金调整项目"、"房地产企业预售收入计算的预计利润"、"特别纳税调整应税所得"、"其他"7大项分类汇总填报，并计算纳税调整项目的"调增金额"和"调减金额"的合计数。

数据栏分别设置"账载金额"、"税收金额"、"调增金额"、"调减金额"4个栏次。"账载金额"是指纳税人按照国家统一会计制度规定核算的项目金额。"税收金额"是指纳税人按照税收规定计算的项目金额。

"收入类调整项目"："税收金额"扣减"账载金额"后的余额为正，填报在"调增金额"，余额如为负数，将其绝对值填报在"调减金额"。其中第4行"3. 不符合税收规定的销售折扣和折让"，按"扣除类调整项目"处理。

"扣除类调整项目"、"资产类调整项目"："账载金额"扣减"税收金额"后的余额为正，填报在"调增金额"，余额如为负数，将其绝对值填报在"调减金额"。

其他项目的"调增金额"、"调减金额"按上述原则计算填报。

本表打＊号的栏次均不填报。

本表"注：（1）……"修改为"（1）标有＊或＃的行次，纳税人分别按照适用的国家统一会计制度填报"。

1. 收入类调整项目

（1）第1行"一、收入类调整项目"：填报收入类调整项目第2行至第19行的合计数。第1列"账载金额"、第2列"税收金额"不填报。

（2）第2行"1. 视同销售收入"：填报纳税人会计上不作为销售核算、税收上应确认为应税收入的金额。一般工商企业第3列"调增金额"取自附表一（1）收入明细表第13行。第1列"账载金额"、第2列"税收金额"和第4列"调减金额"不填。

（3）第3行"2. 接受捐赠收入"：第2列"税收金额"填报纳税人按照国家统一会计制度规定，将接受捐赠直接计入资本公积核算、进行纳税调整的金额。第3列"调增金额"等于第2列"税收金额"。第1列"账载金额"和第4列"调减金额"不填。执行会计准则的纳税人不填写本行。

（4）第4行"3. 不符合税收规定的销售折扣和折让"：填报纳税人不符合税收规定的销售折扣和折让应进行纳税调整的金额。第1列"账载金额"填报纳税人按照国家统一会计制度规定，销售货物给购货方的销售折扣和折让金额。第2列"税收金额"填报纳税人按照税收规定可以税前扣除的销售折扣和折让的金额。第3列"调增金额"填报第1列与第2列的差额。第4列"调减金额"不填。

（5）第5行"4. 未按权责发生制原则确认的收入"：填报纳税人会计上按照权责发生制原则确认收入，但按照税收规定不按照权责发生制确认收入，进行纳税调整的金额。

第1列"账载金额"填报纳税人按照国家统一会计制度确认的收入；第2列"税收金额"填报纳税人按照税收规定确认的应纳税收入；第3列"调增金额"填报纳税人纳税调整的金额；第4列"调减金额"填报纳税人纳税调减的金额。

（6）第6行"5. 按权益法核算长期股权投资对初始投资成本调整确认收益"：填报纳税人采取权益法核算，初始投资成本小于取得投资时应享有被投资单位可辨认净资产公允价值份额的差额计入取得投资当期的营业外收入，此项收入是"虚增"会计利润，不征收所得税。本行"调减金额"数据通过附表十一长期股权投资所得（损失）明细表第5列"合计"填报。第1列"账载金额"、第2列"税收金额"和第3列"调增金额"不填。

（7）第7行"6. 按权益法核算的长期股权投资持有期间的投资损益"：第3列"调增金额"填报纳税人应分担被投资单位发生的净亏损、确认为投资损失的金额；第4列"调减金额"填报纳税人应分享被投资单位发生的净利润、确认为投资收益的金额。本行根据附表十一长期股权投资所得（损失）明细表分析填列。

（8）第8行"7. 特殊重组"：填报纳税人按照税收规定作为特殊重组处理，导致财务会计处理与税收规定不一致进行纳税调整的金额。

第1列"账载金额"填报纳税人按照国家统一会计制度确认的账面金额；第2列"税收金额"填报纳税人按照税收规定确认的应税收入金额；第3列"调增金额"填报纳税人进行纳税调整增加的金额；第4列"调减金额"填报纳税人进行纳税调整减少的金额。

（9）第9行"8. 一般重组"：填报纳税人按照税收规定作为一般重组处理，导致财务会计处理与税收规定不一致进行纳税调整的金额。

第1列"账载金额"填报纳税人按照国家统一会计制度确认的账面金额；第2列"税收金额"填报纳税人按照税收规定确认的应税收入金额；第3列"调增金额"填报纳税人进行纳税调整增加的金额；第4列"调减金额"填报纳税人进行纳税调整减少的金额。如果会计和税法都采取公允价值方式进行资产重组的处理，则此行会计与税法不存在差异，需要调整的情形较少。

（10）第10行"9. 公允价值变动净收益"：第3列"调增金额"或第4列"调减金额"通过附表七以公允价值计量资产纳税调整表第10行第5列数据填报。

附表七第5列"纳税调整额"第10行"合计"数为正数时，填入附表三第10行本行第3列"调增金额"；为负数时，将其绝对值填入本行第4列"调减金额"。

（11）第11行"10. 确认为递延收益的政府补助"：填报纳税人取得的不属于税收规定的不征税收入、免税收入以外的其他政府补助，按照国家统一会计制度确认为递延收益，逐年计入会计利润，税收处理应一次性计入应纳税所得额每年进行纳税调整的数额。

第1列"账载金额"填报纳税人按照国家统一会计制度确认的账面金额；第2列"税收金额"填报纳税人按照税收规定确认的应税收入金额；第3列"调增金额"填报纳税人进行纳税调整增加的金额；第4列"调减金额"填报纳税人进行纳税调整减少的金额。

（12）第12行"11. 境外应税所得"：第3列"调增金额"填报纳税人并入利润总额的成本费用或确认的境外投资损失。第4列"调减金额"填报纳税人并入利润总额的境外收入、投资收益等。第1列"账载金额"、第2列"税收金额"不填。

（13）第13行"12. 不允许扣除的境外投资损失"：第3列"调增金额"填报纳税人境外投资除合并、撤销、依法清算外形成的损失。第1列"账载金额"、第2列"税收金额"和第4列"调减金额"不填。

（14）第14行"13. 不征税收入"：第4列"调减金额"，事业单位、社会团体、民办非企业单位、非营利组织通过附表一（3）事业单位、社会团体、民办非企业单位收入项目明细表第12行"不征税收入总额"填报；其他单位根据登记情况填写。第1列"账载金额"、第2列"税收金额"和第3列"调增金额"不填。

（15）第15行"14. 免税收入"：第4列"调减金额"通过附表五税收优惠明细表第1行"免税收入"填报。第1列"账载金额"、第2列"税收金额"和第3列"调增金额"不填。

（16）第16行"15. 减计收入"：第4列"调减金额"通过取自附表五税收优惠明细表第6行"减计收入"填报。第1列"账载金额"、第2列"税收金额"和第3列"调增金额"不填。

（17）第17行"16. 减、免税项目所得"：第4列"调减金额"通过取自附表五税收优惠明细表第14行"减免所得额合计"填报。第1列"账载金额"、第2列"税收金额"和第3列"调增金额"不填。

(18) 第18行"17. 抵扣应纳税所得额": 第4列"调减金额"通过取自附表五税收优惠明细表第39行"创业投资企业抵扣应纳税所得额"填报。第1列"账载金额"、第2列"税收金额"和第3列"调增金额"不填。

(19) 第19行"18. 其他": 填报企业财务会计处理与税收规定不一致、进行纳税调整的其他收入类项目金额。

2. 扣除类调整项目

(1) 第20行"二、扣除类调整项目": 填报扣除类调整项目第21行至第40行的合计数。第1列"账载金额"、第2列"税收金额"不填报。

(2) 第21行"1. 视同销售成本": 填报按照税收规定视同销售应确认的成本。一般工商企业第4列"调减金额"取自附表二(1)成本费用明细表第12行。第1列"账载金额"、第2列"税收金额"和第3列"调增金额"不填。

(3) 第22行"2. 工资薪金支出": 第1列"账载金额"填报纳税人按照国家统一会计制度计入成本费用的职工工资、奖金、津贴和补贴;第2列"税收金额"填报纳税人按照税收规定允许税前扣除的工资薪金。如本行第1列≥第2列,第1列减去第2列的差额填入本行第3列"调增金额";如本行第1列<第2列,包括两种情形:①企业上年度计提未实际发放、结转本年度扣除、从而造成本年度工资薪金支出会计与税法数额不一致;第2列减去第1列的差额填入本行第4列"调减金额";②此种情形较少,原则上应第2列不大于第1列数额。

(4) 第23行"3. 职工福利费支出": 第1列"账载金额"填报纳税人按照国家统一会计制度计入成本费用的职工福利费;第2列"税收金额"填报纳税人按照税收规定允许税前扣除的职工福利费,金额小于等于第22行"工资薪金支出"第2列"税收金额"×14%;根据《企业财务通则》规定,职工福利费不再采用预提方式。如本行第1列≥第2列,第1列减去第2列的差额填入本行第3列"调增金额"。

(5) 第24行"4. 职工教育经费支出": 第1列"账载金额"填报纳税人按照国家统一会计制度计入成本费用的教育经费支出;第2列"税收金额"填报纳税人按照税收规定允许税前扣除的的职工教育经费,金额小于等于第22行"工资薪金支出"第2列"税收金额"×2.5%,或国务院财政、税务主管部门另有规定的金额(技术先进型服务企业、动漫企业、中关村创新创业企业的扣除比例为8%),同时,对于以前年度未扣除完毕的职工教育经费,也可在限额内补扣。在计算税收金额时,应将该因素考虑在内。如本行第1列≥第2列,第1列减去第2列的差额填入本行第3列"调增金额";如本行第1列<第2列,第2列减去第1列的差额填入本行第4列"调减金额"。

(6) 第25行"5. 工会经费支出": 第1列"账载金额"填报纳税人按照国家统一会计制度计入成本费用的工会经费支出;第2列"税收金额"填报纳税人按照税收规定允许税前扣除的的工会经费,金额等于第22行"工资薪金支出"第2列"税收金额"×2%再减去没有工会专用凭据列支的工会经费后的余额。如本行第1列≥第2列,第1列减去第2列的差额填入本行第3列"调增金额";如本行第1列<第2列,第2列减去第1列的差额填入本行第4列"调减金额"。

(7) 第26行"6. 业务招待费支出": 第1列"账载金额"填报纳税人按照国家统一会计制度计入成本费用的业务招待费支出;第2列"税收金额"填报纳税人按照税收规定允

许税前扣除的业务招待费支出的金额。比较"附表一（1）收入明细表第1行×5‰"或"附表一（2）《金融企业收入明细表》第1＋第38行合计×5‰"与"本行第1列×60％"两数，孰小者填入本行第2列。如本行第1列≥第2列，本行第1列减去第2列的余额填入本行第3列"调增金额"，第4列"调减金额"不填；如本行第1列＜第2列，第3列"调增金额"，第4列"调减金额"均不填。

（8）第27行"7. 广告费与业务宣传费支出"：第3列"调增金额"取自附表八广告费和业务宣传费跨年度纳税调整表第7行"本年广告费和业务宣传费支出纳税调整额"，第4列"调减金额"取自附表八广告费和业务宣传费跨年度纳税调整表第10行"本年扣除的以前年度结转额"。第1列"账载金额"和第2列"税收金额"不填。

（9）第28行"8. 捐赠支出"：第1列"账载金额"填报纳税人按照国家统一会计制度实际发生的捐赠支出；第2列"税收金额"填报纳税人按照税收规定允许税前扣除的捐赠支出的金额。如本行第1列≥第2列，第1列减去第2列的差额填入本行第3列"调增金额"，第4列"调减金额"不填；如本行第1列＜第2列，第3列"调增金额"、第4列"调减金额"均不填。

（10）第29行"9. 利息支出"：第1列"账载金额"填报纳税人按照国家统一会计制度实际发生的向非金融企业借款计入财务费用的利息支出的金额；第2列"税收金额"填报纳税人按照税收规定允许税前扣除的的利息支出的金额。如本行第1列≥第2列，第1列减去第2列的差额填入本行第3列"调增金额"，第4列"调减金额"不填；如本行第1列＜第2列，第3列"调增金额"、第4列"调减金额"均不填。

（11）第30行"10. 住房公积金"：第1列"账载金额"填报纳税人按照国家统一会计制度实际发生的住房公积金的金额；第2列"税收金额"填报纳税人按照税收规定允许税前扣除的住房公积金的金额。如本行第1列≥第2列，第1列减去第2列的差额填入本行第3列"调增金额"，第4列"调减金额"不填；如本行第1列＜第2列，第3列"调增金额"、第4列"调减金额"均不填。

（12）第31行"11. 罚金、罚款和被没收财物的损失"：第1列"账载金额"填报纳税人按照国家统一会计制度实际发生的罚金、罚款和被罚没财物损失的金额，不包括纳税人按照经济合同规定支付的违约金（包括银行罚息）、赔偿金、补偿金和诉讼费；第3列"调增金额"等于第1列；第2列"税收金额"和第4列"调减金额"不填。

（13）第32行"12. 税收滞纳金"：第1列"账载金额"填报纳税人按照国家统一会计制度实际发生的税收滞纳金的金额；第3列"调增金额"等于第1列；第2列"税收金额"和第4列"调减金额"不填。

（14）第33行"13. 赞助支出"：第1列"账载金额"填报纳税人按照国家统一会计制度实际发生且不符合税收规定的公益性捐赠的赞助支出的金额；第3列"调增金额"等于第1列；第2列"税收金额"和第4列"调减金额"不填。

广告性的赞助支出按广告费和业务宣传费的规定处理，在第27行"广告费与业务宣传费支出"中填报。

（15）第34行"14. 各类基本社会保障性缴款"：第1列"账载金额"填报纳税人按照国家统一会计制度实际发生的各类基本社会保障性缴款的金额，包括基本医疗保险费、基本养老保险费、失业保险费、工伤保险费和生育保险费；第2列"税收金额"填报纳税人按照税收规定允许税前扣除的各类基本社会保障性缴款的金额。本行第1列≥第2列，第

1列减去第2列的差额填入本行第3列"调增金额"；如本行第1列＜第2列，第3列"调增金额"、第4列"调减金额"均不填。

（16）第35行"15.补充养老保险、补充医疗保险"：第1列"账载金额"填报纳税人按照国家统一会计制度实际发生的补充养老保险、补充医疗保险的金额；第2列"税收金额"填报纳税人按照税收规定允许税前扣除的的补充养老保险、补充医疗保险的金额。如本行第1列≥第2列，第1列减去第2列的差额填入本行第3列"调增金额"；如本行第1列＜第2列，则第3列"调增金额"、第4列"调减金额"均不填。

（17）第36行"16.与未实现融资收益相关在当期确认的财务费用"：第1列"账载金额"填报纳税人在融资租赁业务中，按照国家统一会计制度实际发生的、与未实现融资收益相关并在当期确认的财务费用的金额；第2列"税收金额"填报纳税人按照税收规定允许税前扣除的相关金额。

（18）第37行"17.与取得收入无关的支出"：第1列"账载金额"填报纳税人按照国家统一会计制度实际发生的、与取得收入无关的支出的金额；第3列"调增金额"等于第1列；第2列"税收金额"和第4列"调减金额"不填。

（19）第38行"18.不征税收入用于支出所形成的费用"：第1列"账载金额"填报纳税人按照国家统一会计制度实际发生的、不征税收入用于支出形成的费用的金额；第3列"调增金额"等于第1列；第2列"税收金额"和第4列"调减金额"不填。

（20）第39行"19.加计扣除"：第4列"调减金额"取自附表五税收优惠明细表第9行"加计扣除额合计"金额。第1列"账载金额"、第2列"税收金额"和第3列"调增金额"不填。

（21）第40行"20.其他"：填报企业财务会计处理与税收规定不一致、进行纳税调整的其他扣除类项目金额。

3. 资产类调整项目

（1）第41行"三、资产类调整项目"：填报资产类调整项目第42行至第50行的合计数。第1列"账载金额"、第2列"税收金额"不填报。

（2）第42行"1.财产损失"：第1列"账载金额"填报纳税人按照国家统一会计制度确认的财产损失金额；第2列"税收金额"填报纳税人按照税收规定允许税前扣除的财产损失金额。如本行第1列≥第2列，第1列减去第2列的差额填入本行第3列"调增金额"；如本行第1列＜第2列，第1列减去第2列的差额的绝对值填入第4列"调减金额"，此种情况较少。

（3）第43行"2.固定资产折旧"：通过附表九资产折旧、摊销纳税调整明细表填报。附表九资产折旧、摊销纳税调整明细表第1行"固定资产"第7列"纳税调整额"的正数填入本行第3列"调增金额"；附表九资产折旧、摊销纳税调整明细表第1行"固定资产"第7列"纳税调整额"负数的绝对值填入本行第4列"调减金额"。第1列"账载金额"、第2列"税收金额"不填。

（4）第44行"3.生产性生物资产折旧"：通过附表九资产折旧、摊销纳税调整明细表填报。附表九资产折旧、摊销纳税调整明细表第7行"生产性生物资产"第7列"纳税调整额"的正数填入本行第3列"调增金额"；附表九资产折旧、摊销纳税调整明细表第7行"生产性生物资产"第7列"纳税调整额"的负数的绝对值填入本行第4列"调减金额"。第1列"账载金额"、第2列"税收金额"不填。

（5）第45行"4.长期待摊费用的摊销"：通过附表九资产折旧、摊销纳税调整明细表填报。附表九资产折旧、摊销纳税调整明细表第10行"长期待摊费用"第7列"纳税调整额"的正数填入本行第3列"调增金额";附表九资产折旧、摊销纳税调整明细表第10行"长期待摊费用"第7列"纳税调整额"的负数的绝对值填入本行第4列"调减金额"。第1列"账载金额"、第2列"税收金额"不填。

（6）第46行"5. 无形资产摊销"：通过附表九资产折旧、摊销纳税调整明细表填报。附表九资产折旧、摊销纳税调整明细表第15行"无形资产"第7列"纳税调整额"的正数填入本行第3列"调增金额";附表九资产折旧、摊销纳税调整明细表第15行"无形资产"第7列"纳税调整额"的负数的绝对值填入本行第4列"调减金额"。第1列"账载金额"、第2列"税收金额"不填。

（7）第47行"6. 投资转让、处置所得"：第3列"调增金额"和第4列"调减金额"通过附表十一股权投资所得（损失）明细表分析填报。第1列"账载金额"、第2列"税收金额"不填。

（8）第48行"7. 油气勘探投资"：通过附表九资产折旧、摊销纳税调整明细表填报。附表九资产折旧、摊销纳税调整明细表第16行"油气勘探投资"第7列"纳税调整额"的正数填入本行第3列;附表九资产折旧、摊销纳税调整明细表第16行"油气勘探投资"第7列"纳税调整额"负数的绝对值填入本行第4列"调减金额"。第1列"账载金额"、第2列"税收金额"不填。

（9）第49行"油气开发投资"：通过附表九资产折旧、摊销纳税调整明细表填报。附表九资产折旧、摊销纳税调整明细表第17行"油气开发投资"第7列"纳税调整额"的正数填入本行第3列;附表九资产折旧、摊销纳税调整明细表第17行"油气开发投资"第7列"纳税调整额"负数的绝对值填入本表第4列"调减金额"。第1列"账载金额"、第2列"税收金额"不填。

（10）第50行"7. 其他"：填报企业财务会计处理与税收规定不一致、进行纳税调整的其他资产类项目金额。

4. 准备金调整项目

第51行"四、准备金调整项目"：通过附表十资产减值准备项目调整明细表填报。附表十资产减值准备项目调整明细表第17行"合计"第5列"纳税调整额"的正数填入本行第3列"调增金额";附表十资产减值准备项目调整明细表第17行"合计"第5列"纳税调整额"的负数的绝对值填入本行第4列"调减金额"。第1列"账载金额"、第2列"税收金额"不填。

5. 房地产企业预售收入计算的预计利润

第52行"五、房地产企业预售收入计算的预计利润"：第3列"调增金额"填报从事房地产开发业务的纳税人本期取得的预售收入，按照税收规定的预计利润率计算的预计利润的金额;第4列"调减金额"填报从事房地产开发业务的纳税人本期将预售收入转为销售收入，转回已按税收规定征税的预计利润的数额。第1列"账载金额"、第2列"税收金额"不填。

6. 特别纳税调整应税所得

第53行"六、特别纳税调整应税所得"：第3列"调增金额"填报纳税人按特别纳税调整规定，自行调增的当年应纳税所得。第1列"账载金额"、第2列"税收金额"、第4列"调减金额"不填。

7. 其他

(1) 第 54 行"七、其他":填报企业财务会计处理与税收规定不一致、进行纳税调整的其他项目金额。第 1 列"账载金额"、第 2 列"税收金额"不填报。

(2) 第 55 行"合计":"调增金额"等于本表第 1、第 20、第 41、第 51、第 52、第 53、第 54 行第 3 列合计;"调减金额"分别等于本表第 1、第 20、第 41、第 51、第 52、第 53、第 54 行第 4 列合计。

(四) 表内及表间关系

1. 表内关系

(1) 第 1 行=本表第 2+第 3+…+第 19 行。

(2) 第 20 行=本表第 21+第 22+…+第 40 行。

(3) 第 41 行=本表第 42+第 43+…+第 50 行。

2. 表间关系

(1) 一般工商企业:第 2 行第 3 列=附表一 (1) 第 13 行。

(2) 第 6 行第 4 列=附表十一第 5 列"合计"行的绝对值。

(3) 当附表七第 10 行第 5 列为正数时:第 10 行第 3 列=附表七第 10 行第 5 列;附表七第 10 行第 5 列为负数时:第 10 行第 4 列=附表七第 10 行第 5 列负数的绝对值。

(4) 第 14 行第 4 列=附表一 (3) 第 10 行。

(5) 第 15 行第 4 列=附表五第 1 行。

(6) 第 16 行第 4 列=附表五第 6 行。

(7) 第 17 行第 4 列=附表五第 14 行。

(8) 第 18 行第 4 列=附表五第 39 行。

(9) 一般工商企业:第 21 行第 4 列=附表二 (1) 第 12 行。

(10) 第 27 行第 3 列=附表八第 7 行。第 27 行第 4 列=附表八第 10 行。

(11) 第 39 行第 4 列=附表五第 9 行。

(12) 附表九第 1 行第 7 列为正数时:第 43 行第 3 列=附表九第 1 行第 7 列;附表九第 1 行第 7 列为负数时:第 43 行第 4 列=附表九第 1 行第 7 列负数的绝对值。

(13) 附表九第 7 行第 7 列为正数时:第 44 行第 3 列=附表九第 7 行第 7 列;附表九第 7 行第 7 列为负数时:第 44 行第 4 列=附表九第 7 行第 7 列负数的绝对值。

(14) 附表九第 10 行第 7 列为正数时:第 45 行第 3 列=附表九第 10 行第 7 列;附表九第 10 行第 7 列为负数时:第 45 行第 4 列=附表九第 10 行第 7 列负数的绝对值。

(15) 附表九第 15 行第 7 列为正数时:第 46 行第 3 列=附表九第 15 行第 7 列;附表九第 15 行第 7 列为负数时:第 46 行第 4 列=附表九第 15 行第 7 列负数的绝对值。

(16) 附表九第 16 行第 7 列为正数时:第 48 行第 3 列=附表九第 16 行第 7 列;附表九第 16 行第 7 列为负数时:第 48 行第 4 列=附表九第 16 行第 7 列负数的绝对值。

(17) 附表九第 17 行第 7 列为正数时:第 49 行第 3 列=附表九第 17 行第 7 列;附表九第 17 行第 7 列为负数时:第 49 行第 4 列=附表九第 17 行第 7 列负数的绝对值。

(18) 附表十第 17 行第 5 列合计数为正数时:第 51 行第 3 列=附表十第 17 行第 5 列;附表十第 17 行第 5 列合计数为负数时:第 51 行第 4 列=附表十第 17 行第 5 列的绝对值。

(19) 第 55 行第 3 列=主表第 14 行。

(20) 第 55 行第 4 列=主表第 15 行。

附表四

表 2-25

企业所得税弥补亏损明细表

填报日期：2013 年 5 月 15 日　　　　　　　　　　　　　　　　　　　　金额单位：人民币元（列至角分）

行次	项目	年度	盈利额或亏损额	合并分立企业转入可弥补亏损额	当年可弥补的所得额	以前年度亏损弥补额						本年度实际弥补的以前年度亏损额	可结转以后年度弥补的亏损额
						前四年度	前三年度	前二年度	前一年度	合计		
		1	2	3	4	5	6	7	8	9	10	11
1	第一年											*
2	第二年					*						
3	第三年	2009 年	−808 880.00		−808 880.00	*	*	253 900.00	352 950.00	606 850.00	202 030.00	0.00
4	第四年	2010 年	253 900.00		253 900.00	*	*	*				
5	第五年	2011 年	352 950.00		352 950.00	*	*	*	*			
6	本年	2012 年	2 668 382.16		2 668 382.16	*	*	*	*	*	202 030.00	0.00
7					可结转以后年度弥补的亏损额合计							0.00

经办人（签章）：　　　　　　　　　　　　　　　　　　　法定代表人（签章）：

填报说明

（一）适用范围

本表适用于实行查账征收企业所得税的居民纳税人填报。

（二）填报依据和内容

根据《中华人民共和国企业所得税法》及其实施条例、相关税收政策规定，填报本纳税年度及本纳税年度前5年度发生的税前尚未弥补的亏损额。

（三）有关项目填报说明

1. 第1列"年度"：填报公历年度。第1至5行依次从6行往前倒推5年，第6行为申报年度。

2. 第2列"盈利额或亏损额"：填报主表的第23行"纳税调整后所得"的金额（亏损额以"—"表示）。

3. 第3列"合并分立企业转入可弥补亏损额"：填报按照税收规定企业合并、分立允许税前扣除的亏损额，以及按税收规定汇总纳税后分支机构在2008年以前按独立纳税人计算缴纳企业所得税尚未弥补完的亏损额（以"—"表示）。

4. 第4列"当年可弥补的所得额"：金额等于第2+第3列合计。

5. 第9列"以前年度亏损弥补额"：金额等于第5+第6+第7+第8列合计（第4列为正数的不填）。

6. 第10列第1至第5行"本年度实际弥补的以前年度亏损额"：填写本年用于依次弥补前5年度每年尚未弥补的亏损额。

7. 第6行第10列"本年度实际弥补的以前年度亏损额"：金额等于第1至第5行第10列的合计数（第6行第10列的合计数≤第6行第4列的合计数），填报主表第24行。

8. 第11列第2至第6行"可结转以后年度弥补的亏损额"：填报前5年度的亏损额被本年主表中第24行数据依次弥补后，各年度仍未弥补完的亏损额，以及本年度尚未弥补的亏损额。第11列＝第4列的绝对值—第9列—第10列（第4列大于零的行次不填报）。

9. 第7行第11列"可结转以后年度弥补的亏损额合计"：填报第2至第6行第11列的合计数。

（四）表间关系

第6行第10列＝主表第24行。

附表五

表 2-26　　　　　　　　　　　　　　税收优惠明细表

填报日期：2013年5月15日　　　　　　　　　　金额单位：人民币元（列至角分）

行次	项　　目	金　　额
1	一、免税收入（2+3+4+5）	310 000.00
2	1. 国债利息收入	210 000.00
3	2. 符合条件的居民企业之间的股息、红利等权益性投资收益	100 000.00
4	3. 符合条件的非营利组织的收入	
5	4. 其他	
6	二、减计收入（7+8）	0.00

续表

行次	项　目	金　额
7	1. 企业综合利用资源，生产符合国家产业政策规定的产品所取得的收入	
8	2. 其他	
9	三、加计扣除额合计（10＋11＋12＋13）	200 000.00
10	1. 开发新技术、新产品、新工艺发生的研究开发费用	200 000.00
11	2. 安置残疾人员所支付的工资	
12	3. 国家鼓励安置的其他就业人员支付的工资	
13	4. 其他	
14	四、减免所得额合计（15＋25＋29＋30＋31＋32）	0.00
15	（一）免税所得（16＋17＋…＋24）	
16	1. 蔬菜、谷物、薯类、油料、豆类、棉花、麻类、糖料、水果、坚果的种植	
17	2. 农作物新品种的选育	
18	3. 中药材的种植	
19	4. 林木的培育和种植	
20	5. 牲畜、家禽的饲养	
21	6. 林产品的采集	
22	7. 灌溉、农产品初加工、兽医、农技推广、农机作业和维修等农、林、牧、渔服务业项目	
23	8. 远洋捕捞	
24	9. 其他	
25	（二）减税所得（26＋27＋28）	
26	1. 花卉、茶以及其他饮料作物和香料作物的种植	
27	2. 海水养殖、内陆养殖	
28	3. 其他	
29	（三）从事国家重点扶持的公共基础设施项目投资经营的所得	
30	（四）从事符合条件的环境保护、节能节水项目的所得	
31	（五）符合条件的技术转让所得	
32	（六）其他	
33	五、减免税合计（34＋35＋36＋37＋38）	0.00
34	（一）符合条件的小型微利企业	
35	（二）国家需要重点扶持的高新技术企业	
36	（三）民族自治地方的企业应缴纳的企业所得税中属于地方分享的部分	
37	（四）过渡期税收优惠	
38	（五）其他	
39	六、创业投资企业抵扣的应纳税所得额	0.00
40	七、抵免所得税额合计（41＋42＋43＋44）	0.00
41	（一）企业购置用于环境保护专用设备的投资额抵免的税额	
42	（二）企业购置用于节能节水专用设备的投资额抵免的税额	
43	（三）企业购置用于安全生产专用设备的投资额抵免的税额	

续表

行次	项　目	金　额
44	（四）其他	
45	企业从业人数（全年平均人数）	1 000 人
46	资产总额（全年平均数）	155 125 250.00
47	所属行业（工业企业、其他企业　　）	工业企业

经办人（签章）：　　　　　　　　　　　　　　　法定代表人（签章）：

填报说明

（一）适用范围

本表适用于实行查账征收企业所得税的居民纳税人填报。

（二）填报依据和内容

根据《中华人民共和国企业所得税法》及其实施条例、相关税收政策规定，填报纳税人本纳税年度发生的免税收入、减计收入、加计扣除、减免应纳税所得额、减免税、抵扣的应纳税所得额和抵免税额。

（三）有关项目填报说明

1. 免税收入

（1）第2行"国债利息收入"：填报纳税人持有国务院财政部门发行的国债取得的利息收入。

（2）第3行"符合条件的居民企业之间的股息、红利等权益性投资收益"：填报居民企业直接投资于其他居民企业所取得的投资收益，不包括连续持有居民企业公开发行并上市流通的股票不足12个月取得的投资收益。

（3）第4行"符合条件的非营利组织的收入"：填报符合条件的非营利组织的收入，不包括除国务院财政、税务主管部门另有规定外的从事营利性活动所取得的收入。

（4）第5行"其他"：填报国务院根据税法授权制定的其他免税收入。根据财税〔2011〕76号文件规定，企业取得地方政府债券利息所得免征所得税，填入本行。

2. 减计收入

（1）第7行"企业综合利用资源，生产符合国家产业政策规定的产品所取得的收入"：填报纳税人以《资源综合利用企业所得税优惠目录》内的资源作为主要原材料，生产非国家限制和禁止并符合国家和行业相关标准的产品所取得的收入减计10%部分的数额。

（2）第8行"其他"：填报国务院根据税法授权制定的其他减计收入的数额。根据财税〔2010〕4号文件规定，自2009年1月1日至2013年12月31日，对金融机构农户小额贷款利息收入，保险公司为种植业、养殖业提供保险业务的保费收入，按90%比例减计收入。

根据财税〔2011〕99号文件规定，企业持有2011至2013年发行的中国铁路建设债券利息收入，减半征收企业所得税。

3. 加计扣除额合计

（1）第10行"开发新技术、新产品、新工艺发生的研究开发费用"：填报纳税人为开发新技术、新产品、新工艺发生的研究开发费用，未形成无形资产计入当期损益的，按研究开发费用的50%加计扣除的金额。

（2）第11行"安置残疾人员所支付的工资"：填报纳税人按照有关规定条件安置残疾人员，支付给残疾职工工资的100%加计扣除额。

（3）第12行"国家鼓励安置的其他就业人员支付的工资"：填报国务院根据税法授权制定的其他就业人员支付工资的加计扣除额。目前暂无相关规定。

（4）第13行"其他"：填报国务院根据税法授权制定的其他加计扣除额。

4. 减免所得额合计

（1）第16行"蔬菜、谷物、薯类、油料、豆类、棉花、麻类、糖料、水果、坚果的种植"：填报纳税人种植蔬菜、谷物、薯类、油料、豆类、棉花、麻类、糖料、水果、坚果的免征的所得额。

（2）第17行"农作物新品种的选育"：填报纳税人从事农作物新品种的选育免征的所得额。

（3）第18行"中药材的种植"：填报纳税人从事中药材的种植免征的所得额。

（4）第19行"林木的培育和种植"：填报纳税人从事林木的培育和种植免征的所得额。

（5）第20行"牲畜、家禽的饲养"：填报纳税人从事牲畜、家禽的饲养免征的所得额。

（6）第21行"林产品的采集"：填报纳税人从事采集林产品免征的所得额。

（7）第22行"灌溉、农产品初加工、兽医、农技推广、农机作业和维修等农、林、牧、渔服务业项目"：填报纳税人从事灌溉、农产品初加工、兽医、农技推广、农机作业和维修等农、林、牧、渔服务业免征的所得额。

（8）第23行"远洋捕捞"：填报纳税人从事远洋捕捞免征的所得额。

（9）第24行"其他"：填报国务院根据税法授权制定的其他免税所得。

（10）第26行"花卉、茶以及其他饮料作物和香料作物的种植"：填报纳税人从事花卉、茶以及其他饮料作物和香料作物种植取得的所得减半征收的部分。

（11）第27行"海水养殖、内陆养殖"：填报纳税人从事海水养殖、内陆养殖取得的所得减半征收的部分。

（12）第28行"其他"：填报国务院根据税法授权制定的其他减税所得额。

（13）第29行"从事国家重点扶持的公共基础设施项目投资经营的所得"：填报纳税人从事《公共基础设施项目企业所得税优惠目录》规定的港口码头、机场、铁路、公路、城市公共交通、电力、水利等项目的投资经营的所得额。不包括企业承包经营、承包建设和内部自建自用该项目的所得。

（14）第30行"从事符合条件的环境保护、节能节水项目的所得"：填报纳税人从事公共污水处理、公共垃圾处理、沼气综合开发利用、节能减排技术改造、海水淡化等项目减征、免征的所得额。

（15）第31行"符合条件的技术转让所得"：填报居民企业技术转让所得免征、减征的部分（技术转让所得不超过500万元的部分，免征企业所得税；超过500万元的部分，减半征收企业所得税）。

（16）第32行"其他"：填报国务院根据税法授权制定的其他减免所得。

5. 减免税合计

（1）第34行"符合规定条件的小型微利企业"：填报纳税人从事国家非限制和禁止行业并符合规定条件的小型微利企业享受优惠税率减征的企业所得税税额。

（2）第35行"国家需要重点扶持的高新技术企业"：填报纳税人从事国家需要重点扶持拥有核心自主知识产权等条件的高新技术企业享受减征企业所得税税额。

（3）第36行"民族自治地方的企业应缴纳的企业所得税中属于地方分享的部分"：填报纳税人经民族自治地方所在省、自治区、直辖市人民政府批准，减征或者免征民族自治地方的企业缴纳的企业所得税中属于地方分享的企业所得税税额。

（4）第37行"过渡期税收优惠"：填报纳税人符合国务院规定以及经国务院批准给予过渡期税收优惠政策。

（5）第38行"其他"：填报国务院根据税法授权制定的其他减免税额。技术先进型服务企业、动漫企业、西部大开发企业等，填写本行。

6．第39行"创业投资企业抵扣的应纳税所得额"

填报创业投资企业采取股权投资方式投资于未上市的中小高新技术企业2年以上的，可以按照其投资额的70％在股权持有满2年的当年抵扣该创业投资企业的应纳税所得额；当年不足抵扣的，可以在以后纳税年度结转抵扣。

7．抵免所得税额合计

（1）第41至第43行，填报纳税人购置并实际使用《环境保护专用设备企业所得税优惠目录》、《节能节水专用设备企业所得税优惠目录》和《安全生产专用设备企业所得税优惠目录》规定的环境保护、节能节水、安全生产等专用设备的，允许从企业当年的应纳税额中抵免的投资额10％的部分。当年不足抵免的，可以在以后5个纳税年度结转抵免。

（2）第44行"其他"：填报国务院根据税法授权制定的其他抵免所得税额部分。

8．减免税附列资料

（1）第45行"企业从业人数"：填报纳税人全年平均从业人员，按照纳税人年初和年末的从业人员平均计算，用于判断是否为税收规定的小型微利企业。

（2）第46行"资产总额"：填报纳税人全年资产总额平均数，按照纳税人年初和年末的资产总额平均计算，用于判断是否为税收规定的小型微利企业。

（3）第47行"所属行业（工业企业、其他企业）"项目，填报纳税人所属的行业，用于判断是否为税收规定的小型微利企业。

（四）表内及表间关系

1．表内关系

（1）第1行＝本表第2＋第3＋第4＋第5行。

（2）第6行＝本表第7＋第8行。

（3）第9行＝本表第10＋第11＋第12＋第13行。

（4）第14行＝本表第15＋第25＋第29＋第30＋第31＋第32行。

（5）第15行＝本表第16至第24行合计。

（6）第25行＝本表第26＋第27＋第28行。

（7）第33行＝本表第34＋第35＋第36＋第37＋第38行。

（8）第40行＝本表第41＋第42＋第43＋第44行。

2．表间关系

（1）第1行＝附表三第15行第4列＝主表第17行。

（2）第6行＝附表三第16行第4列＝主表第18行。

（3）第9行＝附表三第39行第4列＝主表第20行。

（4）第14行＝附表三第17行第4列＝主表第19行。

（5）第39行＝附表三第18行第4列。

（6）第33行＝主表第28行。

（7）第40行＝主表第29行。

附表六

表 2-27

境外所得税税抵免计算明细表

填报日期：2013 年 5 月 15 日

金额单位：人民币元（列至角分）

国家或地区	境外所得	境外所得换算含税所得	弥补以前年度亏损	免税所得	弥补亏损前境外应税所得额	可弥补境内亏损	境外应纳税所得额	税率	境外所得应纳税额	境外所得可抵免税额	境外所得税款抵免限额	本年可抵免的境外所得税款	未超过境外所得税款抵免限额的余额	本年可抵免以前年度所得税额	前五年境外所得税款已缴税款未抵免余额	定率抵免
1	2	3	4	5	6=3-4-5	7	8=6-7	9	10=8×9	11	12	13	14=12-13	15	16	17
甲国	300 000.00	500 000.00	0.00	0.00	500 000.00	0.00	500 000.00	25%	125 000.00	200 000.00	125 000.00	125 000.00	0.00	0.00	75 000.00	
			*	*									*	*	*	
			*	*									*	*	*	
			*	*									*	*	*	
			*	*									*	*	*	
合计	300 000.00	500 000.00	0.00	0.00	500 000.00	0.00	500 000.00	25%	125 000.00	200 000.00	125 000.00	125 000.00	0.00	0.00	75 000.00	

经办人（签章）：

法定代表人（签章）：

填报说明

（一）适用范围

本表适用于实行查账征收企业所得税的居民纳税人填报。

（二）填报依据和内容

根据《中华人民共和国企业所得税法》及其实施条例、相关税收政策的规定，填报纳税人本纳税年度来源于不同国家或地区的境外所得，按照税收规定应缴纳和应抵免的企业所得税额。

（三）各项目填报说明

1. 第1列"国家或地区"：填报境外所得来源的国家或地区的名称。来源于同一国家或地区的境外所得可合并到一行填报。

2. 第2列"境外所得"：填报来自境外的境外税后所得的金额。

3. 第3列"境外所得换算含税所得"：填报第2列境外所得换算成包含在境外缴纳企业所得税以及按照我国税收规定计算的所得。

4. 第4列"弥补以前年度亏损"：填报境外所得按税收规定弥补以前年度境外亏损额。

5. 第5列"免税所得"：填报按照税收规定予以免税的境外所得。

6. 第6列"弥补亏损前境外应税所得额"：填报境外所得弥补境内亏损前的应税所得额。

7. 第7列"可弥补境内亏损"：填报境外所得按税收规定弥补境内亏损额。

8. 第8列"境外应纳税所得额"：填报弥补亏损前境外应纳税所得额扣除可弥补境内亏损后的金额。

9. 第9列"税率"：填报纳税人境内税法规定的税率25%。根据财税〔2011〕47号文件，以境内外机构统一申请认定高新技术企业的，本列填写15%。

10. 第10列"境外所得应纳税额"：填报境外应纳税所得额与境内税法规定税率的乘积的金额。

11. 第11列"境外所得可抵免税额"：填报纳税人已在境外缴纳的所得税税款的金额。

12. 第12列"境外所得税款抵免限额"：抵免限额＝中国境内、境外所得依照企业所得税法和条例的规定计算的应纳税总额×来源于某国（地区）的应纳税所得额÷中国境内、境外应纳税所得总额。

13. 第13列"本年可抵免的境外所得税款"：填报本年来源于境外的所得已缴纳所得税，在本年度允许抵免的金额。

14. 第14列"未超过境外所得税款抵免限额的余额"：填报本年度在抵免限额内抵免完境外所得税后，可用于抵免以前年度结转的待抵免的所得税额。

15. 第15列"本年可抵免以前年度税额"：填报本年可抵免以前年度未抵免、结转到本年度抵免的境外所得税额。

16. 第16列"前五年境外所得已缴税款未抵免余额"：填报可结转以后年度抵免的境外所得税未抵免余额。

17. 第17列"定率抵免"。本列适用于实行定率抵免境外所得税款的纳税人，填报此列的纳税人不填报第 11 至第 16 列。

（四）表内及表间关系

1．表内关系

（1）第 6 列＝本表第 3－第 4－第 5 列。

（2）第 8 列＝本表第 6－第 7 列。

（3）第 10 列＝本表第 8×第 9 列。

（4）第 14 列＝本表第 12－第 13 列。

（5）第 13 列"本年可抵免的境外所得税款"。第 12 列某行≤同一行次的第 11 列，第 13 列＝第 12 列；当第 12 列某行≥同一行次的第 11 列，第 13 列＝第 11 列。

（6）第 14 列"未超过境外所得税款抵免限额的余额"各行＝同一行的第 12－第 13 列，当计算出的值≤0 时，本列该行为 0；当计算出的值≥0 时，第 14 列＝第 15 列。

（7）第 15 列"本年可抵免以前年度所得税额"各行≤同一行次的第 14 列；第 13 列合计行＋第 15 列合计行＝主表第 32 行。

2．表间关系

（1）第 10 列合计数＝主表第 31 行。

（2）第 13 列合计数＋第 15 列合计数＝主表第 32 行。

（3）第 17 列合计数＝主表第 32 行。

附表七

表 2-28　　　　　　　　　　　　以公允价值计量资产纳税调整表

填报日期：2013 年 5 月 15 日　　　　　　　　　　　　　　　金额单位：人民币元（列至角分）

行次	资产种类	期初金额		期末金额		纳税调整额（纳税调减以"－"表示）
		账载金额（公允价值）	计税基础	账载金额（公允价值）	计税基础	
		1	2	3	4	5
1	一、公允价值计量且其变动计入当期损益的金融资产	0.00	0.00	380 000.00	350 000.00	－30 000.00
2	1. 交易性金融资产	0.00	0.00	380 000.00	350 000.00	－30 000.00
3	2. 衍生金融工具					
4	3. 其他以公允价值计量的金融资产					
5	二、公允价值计量且其变动计入当期损益的金融负债					
6	1. 交易性金融负债					
7	2. 衍生金融工具					
8	3. 其他以公允价值计量的金融负债					
9	三、投资性房地产					
10	合　计	0.00	0.00	380 000.00	350 000.00	－30 000.00

经办人（签章）：　　　　　　　　　　　　法定代表人（签章）：

填报说明

（一）适用范围

本表适用于实行查账征收企业所得税的居民纳税人填报。

（二）填报依据和内容

根据《中华人民共和国企业所得税法》及其实施条例、相关税收政策，以及企业会计准则的规定，填报纳税人以公允价值计量且其变动计入当期损益的金融资产、金融负债、投资性房地产的期初、期末的公允价值、计税基础以及纳税调整额。

（三）各项目填报说明

1. 第1列、第3列"账载金额（公允价值）"：填报纳税人根据会计准则规定以公允价值计量且其变动计入当期损益的金融资产、金融负债以及投资性房地产的期初、期末账面金额。

2. 第2列、第4列"计税基础"：填报纳税人以公允价值计量且其变动计入当期损益的金融资产、金融负债以及投资性房地产按照税收规定确定的计税基础的金额。

3. 对第6行第5列交易性金融负债的"纳税调整额"＝本表（第2列－第4列）－（第1列－第3列）。其他行次第5列"纳税调整额"＝本表（第4列－第2列）－（第3列－第1列）。

（四）表间关系

第10行第5列为正数时：第10行第5列＝附表三第10行第3列；第10行第5列为负数时：第10行第5列负数的绝对值＝附表三第10行第4列。

附表八

表 2-29　　　　　　　　　　**广告费和业务宣传费跨年度纳税调整表**

填报日期：2013年5月15日　　　　　　　　　　金额单位：人民币元（列至角分）

行次	项　目	金　额
1	本年度广告费和业务宣传费支出	11 817 567.36
2	其中：不允许扣除的广告费和业务宣传费支出	0.00
3	本年度符合条件的广告费和业务宣传费支出（1－2）	11 817 567.36
4	本年计算广告费和业务宣传费扣除限额的销售（营业）收入	81 126 413.00
5	税收规定的扣除率	15%
6	本年广告费和业务宣传费扣除限额（4×5）	12 168 961.95
7	本年广告费和业务宣传费支出纳税调整额（3≤6，本行＝2行；3＞6，本行＝1－6）	0.00
8	本年结转以后年度扣除额（3＞6，本行＝3－6；3≤6，本行＝0）	0.00
9	加：以前年度累计结转扣除额	112 621.90
10	减：本年扣除的以前年度结转额	112 621.90
11	累计结转以后年度扣除额（8＋9－10）	0.00

经办人（签章）：　　　　　　　　　　法定代表人（签章）：

填报说明

（一）适用范围

本表适用于实行查账征收企业所得税的居民纳税人填报。

（二）填报依据和内容

根据《中华人民共和国企业所得税法》及其实施条例、相关税收政策，以及国家统一企业会计制度的规定，填报纳税人本年发生的全部广告费和业务宣传费支出的有关情况、按税收规定可扣除额、本年结转以后年度扣除额及以前年度累计结转扣除额等。

（三）有关项目填报说明

1. 第1行"本年度广告费和业务宣传费支出"：填报纳税人本期实际发生的广告费和业务宣传费用的金额。

2. 第2行"不允许扣除的广告费和业务宣传费支出"：填报税收规定不允许扣除的广告费和业务宣传费支出的金额。根据财税〔2012〕48号文件规定，烟草企业广告费和业务宣传费不得扣除。

3. 第3行"本年度符合条件的广告费和业务宣传费支出"：本行等于本表第1行－第2行。

4. 第4行"本年计算广告费和业务宣传费扣除限额的销售（营业）收入"：一般工商企业填报附表一（1）第1行的"销售（营业）收入合计"数额。

5. 第5行"税收规定的扣除率"：填报按照税收规定纳税人适用的扣除率。一般企业为15%，化妆品制造、医药制造和饮料制造企业的扣除率为30%。

6. 第6行"本年广告费和业务宣传费扣除限额"：金额等于本表第4×第5行。

7. 第7行"本年广告费和业务宣传费支出纳税调整额"：当第3行≤第6行，本行＝本表第2行；当第3行＞第6行，本行＝本表第1－第6行。

8. 第8行"本年结转以后年度扣除额"：当第3行＞第6行，本行＝本表第3－第6行；当第3行≤第6行，本行填0。

9. 第9行"加：以前年度累计结转扣除额"：填报以前年度允许税前扣除但超过扣除限额未扣除、结转扣除的广告费和业务宣传费的金额。

10. 第10行"减：本年扣除的以前年度结转额"：当第3行≥第6行，本行填0。当第3行＜第6行，第6－第3行差额如果小于或者等于第9行"以前年度累计结转扣除额"，直接将差额填入本行；其差额如果大于第9行"以前年度累计结转扣除额"，本行＝第9行。

11. 第11行"累计结转以后年度扣除额"：本行＝本表第8＋第9－第10行。

（四）表间关系

1. 第7行＝附表三第27行第3列。

2. 第10行＝附表三第27行第4列。

未

附表九

表 2-30

资产折旧、摊销纳税调整明细表

填报日期：2013 年 5 月 15 日

金额单位：人民币元（列至角分）

行次	资产类别	资产原值		折旧、摊销年限		本期折旧、摊销额		纳税调整额	以前年度纳税调整增加额
		账载金额 1	计税基础 2	合计 3	税收 4	合计 5	税收 6	7	8
1	一、固定资产（2+3+4+5+6）	19 200 000.00	19 200 000.00	*	*	1 470 000.00	1 430 000.00	40 000.00	80 000.00
2	1.房屋建筑物	11 000 000.00	11 000 000.00	20 年	20 年	550 000.00	550 000.00	0.00	0.00
3	2.飞机、火车、轮船、机器、机械和其他生产设备	6 800 000.00	6 800 000.00	10 年	10 年	680 000.00	680 000.00	0.00	0.00
4	3.与生产经营有关的器具、工具、家具								
5	4.除飞机、火车、轮船以外的运输工具	800 000.00	800 000.00	10 年	10 年	80 000.00	80 000.00	0.00	0.00
6	5.电子设备	600 000.00	600 000.00	5 年	5 年	160 000.00	120 000.00	40 000.00	80 000.00
7	二、生产性生物资产（8+9）			*	*				
8	1.林木类								
9	2.畜类								
10	三、长期待摊费用（11+12+13+14）			*	*				
11	1.已足额提取折旧的固定资产的改建支出								
12	2.租入固定资产的改建支出								
13	3.固定资产大修理支出								
14	4.其他长期待摊费用								
15	四、无形资产	5 600 000.00	7 100 000.00	10 年	10 年	560 000.00	710 000.00	-150 000.00	0.00
15-1	其中：研究开发活动形成的无形资产	3 000 000.00	4 500 000.00	10 年	10 年	300 000.00	450 000.00	-150 000.00	0.00
16	五、油气勘探投资								
17	六、油气开发投资								
18	合计（1+7+10+15+16+17）	24 800 000.00	26 300 000.00	*	*	2 030 000.00	2 140 000.00	-110 000.00	80 000.00

经办人：（签章）

法定代表人：（签章）

填报说明

（一）适用范围

本表适用于实行查账征收企业所得税的居民纳税人填报。

（二）填报依据和内容

根据《中华人民共和国企业所得税法》及其实施条例、相关税收政策，以及国家统一会计制度的规定，填报固定资产、生产性生物资产、长期待摊费用、无形资产、油气勘探投资、油气开发投资会计处理与税收处理的折旧、摊销，以及纳税调整额。

（三）各项目填报说明

1. 第1列"账载金额"：填报纳税人按照国家统一会计制度计算提取折旧、摊销的资产原值（或历史成本）的金额。

2. 第2列"计税基础"，填报纳税人按照税收规定计算税前扣除折旧、摊销的金额。

3. 第3列：填报纳税人按照国家统一会计制计算提取折旧、摊销额的年限。

4. 第4列：填报纳税人按照税收规定计算税前扣除折旧、摊销额的年限。

5. 第5列：填报纳税人按照国家统一会计制度计算本纳税年度的折旧、摊销额。

6. 第6列：填报纳税人按照税收规定计算税前扣除的折旧、摊销额。

7. 第7列：金额＝第5－第6列。如本列为正数，进行纳税调增；如本列为负数，进行纳税调减。

（四）表间关系

1. 第1行第7列＞0时：第1行第7列＝附表三第43行第3列；第1行第7列＜0时：第1行第7列负数的绝对值＝附表三第43行第4列。

2. 第7行第7列＞0时：第7行第7列＝附表三第44行第3列；第7行第7列＜0时：第7行第7列负数的绝对值＝附表三第44行第4列。

3. 第10行第7列＞0时：第10行第7列＝附表三第45行第3列；第10行第7列＜0时：第10行第7列负数的绝对值＝附表三第45行第4列。

4. 第15行第7列＞0时：第15行第7列＝附表三第46行第3列；第15行第7列为＜0时：第15行第7列负数的绝对值＝附表三第46行第4列。

5. 第16行第7列＞0时：第16行第7列＝附表三第48行第3列；第16行第7列＜0时：第16行第7列负数的绝对值＝附表三第48行第4列。

6. 第17行第7列＞0时：第17行第7列＝附表三第49行第3列；第17行第7列＜0时：第17行第7列负数的绝对值＝附表三第49行第4列。

附表十

表 2-31

资产减值准备项目调整明细表

填报日期：2013 年 5 月 15 日

金额单位：人民币元（列至角分）

行次	准备金类别	期初余额 1	本期转回额 2	本期计提额 3	期末余额 4	纳税调整额 5
1	坏（呆）账准备	631 280.00	180 000.00	281 666.00	732 946.00	101 666.00
2	存货跌价准备					
3	*其中：消耗性生物资产减值准备					
4	*持有至到期投资减值准备		—			
5	*可供出售金融资产减值准备					
6	#短期投资跌价准备					
7	长期股权投资减值准备					
8	*投资性房地产减值准备					
9	固定资产减值准备					
10	在建工程（工程物资）减值准备					
11	*生产性生物资产减值准备					
12	无形资产减值准备	0.00	0.00	20 000.00	20 000.00	20 000.00
13	商誉减值准备					
14	贷款损失准备					
15	矿区权益减值					
16	其他					
17	合计	631 280.00	180 000.00	301 666.00	752 946.00	121 666.00

注：表中＊项目为执行新会计准则企业专用；表中＃项目为执行企业会计制度、小企业会计制度的企业专用。

经办人（签章）：

法定代表人（签章）：

填报说明

（一）适用范围

本表适用于实行查账征收企业所得税的居民纳税人填报。

（二）填报依据和内容

根据《中华人民共和国企业所得税法》及其实施条例、相关税收政策，以及国家统一会计制度的规定，填报各项资产减值准备、风险准备等准备金支出、以及会计处理与税收处理差异的纳税调整额。根据《国家税务总局关于做好 2009 年度企业所得税汇算清缴工作的通知》（国税函〔2010〕148 号）第 3 条第（1）项，准备金税前扣除的填报口径的规定：证券行业准备金支出、保险公司准备金支出、中小企业信用担保机构准备金、金融企业贷款损失准备金、金融企业涉农贷款和中小企业贷款损失准备金等，允许在企业所得税税前扣除，填报在企业所得税年度纳税申报表附表三"纳税调整项目明细表"第 40 行"20.其他"第 4 列"调减金额"。企业所得税年度纳税申报表附表十"资产减值准备项目调整明细表"填报口径不变。因此，上述准备金不在本附表填列。

（三）各项目填报说明

本表"注：……"修改为："标有 ＊ 或 ♯ 的行次，纳税人分别按照适用的国家统一会计制度填报"。

1. 第 1 列"期初余额"：填报纳税人按照国家统一会计制度核算的各项准备金期初数金额。

2. 第 2 列"本期转回额"：填报纳税人按照国家统一会计制度核算价值恢复、资产转让等原因转回的准备金本期转回金额。

3. 第 3 列"本期计提额"：填报纳税人按照国家统一会计制度核算资产减值的准备金本期计提数的金额。

4. 第 4 列"期末余额"：填报纳税人按照国家统一会计制度核算的各项准备金期末数的金额。

5. 第 5 列"纳税调整额"：金额等于本表第 3 列－第 2 列。当第 5 列＞0 时，进行纳税调增；第 5 列＜0 时，进行纳税调减。

（四）表间关系

第 17 行第 5 列＞0 时，第 17 行第 5 列＝附表三第 51 行第 3 列；第 17 行第 5 列＜0 时，第 17 行第 5 列＝附表三第 51 行第 4 列。

附表十一

表 2-32

长期股权投资所得（损失）明细表

填报日期：2013 年 5 月 15 日　　　　　　　　　　　　　　　　　　　　金额单位：人民币元（列至角分）

行次	被投资企业	期初投资额	本年度（减）增投资额	投资成本 初始投资成本	投资成本 权益法核算对初始投资成本调整产生的收益	会计核算投资收益	股息红利 税收确认的股息红利 会计投资损益	股息红利 税收确认的股息红利 免税收入	股息红利 税收确认的股息红利 全额征税收入	会计与税收确认的差异	投资转让净收入	投资转让的会计成本	投资转让的税收成本	投资转让所得（损失） 会计上确认的转让所得或损失	投资转让所得（损失） 按税收计算的投资转让所得或损失	投资转让所得（损失） 会计与税收确认的差异
	1	2	3	4	5	6=7+14	7	8	9	10=7−8−9	11	12	13	14=11−12	15=11−13	16=14−15
1	A 企业	1 000 000.00	0.00	1 000 000.00		100 000.00	100 000.00	100 000.00		0.00						
2																
3																
合计	—	1 000 000.00	0.00	1 000 000.00		100 000.00	100 000.00	100 000.00		0.00						

投资损失补充资料

行次	项目	年度	当年度结转金额	已弥补金额	本年度弥补金额	结转以后年度待弥补金额	备注
1	第一年						
2	第二年						
3	第三年						
4	第四年						
5	第五年						
以前年度结转在本年度税前扣除的股权投资转让损失							

经办人（签章）：　　　　　　　　　　　　　　　　　　　法定代表人（签章）：

填报说明

（一）适用范围

本表适用于实行查账征收企业所得税的居民纳税人填报。

（二）填报依据和内容

根据《中华人民共和国企业所得税法》及其实施条例、相关税收政策，以及国家统一企业会计制度的规定，填报会计核算的长期股权投资成本、投资收益及其税收处理，以及会计处理与税收处理差异的纳税调整额。

（三）有关项目填报说明

1. 第2列"期初投资额"：填报对被投资企业的投资的期初余额。

2. 第3列"本年度增（减）投资额"：填报本纳税年度内对同一企业股权投资增减变化金额。

3. 第4列"初始投资成本"：填报纳税人取得长期股权投资的所有支出的金额，包括支付的货币性资产、非货币性资产的公允价值及支付的相关税费。

4. 第5列"权益法核算对初始投资成本调整产生的收益"：填报纳税人采取权益法核算，初始投资成本小于取得投资时应享有被投资单位可辨认净资产公允价值份额的差额计入取得投资当期的营业外收入的金额。

5. 第6列"会计核算投资收益"：填报纳税人按照国家统一会计制度核算的投资收益的金额。本行根据"投资收益"科目的数额计算填报。

6. 第7列"会计投资损益"：填报纳税人按照国家统一会计制度核算的扣除投资转让损益后的金额。

7. 第8、第9列"税收确认的股息红利"：填报纳税人在纳税本年度取得按照税收规定确认的股息红利的金额。对于符合税收免税规定条件的股息红利，填入第8列"免税收入"，不符合的填入第9列"全额征税收入"。

8. 第11列"投资转让净收入"：填报纳税人因收回、转让或清算处置股权投资时，转让收入扣除相关税费后的金额。

9. 第12列"投资转让的会计成本"：填报纳税人因收回、转让或清算处置股权投资时，按照国家统一会计制度核算的投资转让成本的金额。

10. 第13列"投资转让的税收成本"：填报纳税人因收回、转让或清算处置股权投资时，按税收规定计算的投资转让成本的金额。

11. 第14列"会计上确认的转让所得或损失"：填报纳税人按照国家统一会计制度核算的长期股权投资转让所得或损失的金额。

12. 第15列"按税收计算的投资转让所得或损失"：填报纳税人因收回、转让或清算处置股权投资时，按税收规定计算的投资转让所得或损失。

说明：根据《国家税务总局关于做好2009年度企业所得税汇算清缴工作的通知》（国税函〔2010〕148号）第3条（5）的规定，企业所得税年度纳税申报表附表十一"长期股权投资所得损失""投资损失补充资料"的相关内容不再填报。

（四）表间关系

第5列"合计"行＝附表三第6行第4列。

（二）汇算清缴应纳企业所得税税款

汇算清缴 2012 年 1 月 1 日至 12 月 31 日应纳的企业所得税税款 115 348.04 元。

附：

	中华人民共和国 税收通用缴款书				(2012) 京国缴电　No 0652211 国		
隶属关系：地市					缴款书号码：11309000384470111		
注册类型：股份有限公司		填发日期：2013年05月15日			征收机关：海淀区国税第三税务所		

缴款单位（人）	代码	110108104789528	预算科目	编码	101043600	
	全称	北京宏虹股份有限公司		名称	私营企业所得税	
	开户银行	中国建设银行清河支行		级次	中央60% 市20% 区县20%	
	账号	010910601001201050112 31		收款国库	工商海淀分理处	

缴款所属时期：	2012-01-01至12-31		税款限缴日期：	2013年05月31日	
品目名称	课税数量	计税金额或销售收入	税率或单位税额	已缴或扣除额	实缴金额
工业（25%）		2966352.16	0.25	626240.00	¥115348.04
金额合计	（大写）计壹拾壹万伍仟叁佰肆拾捌元零肆分				¥115348.04

缴款单位（人）（盖章） 经办人（章）	税务机关（盖章） 经办人（章）	上列款项已收妥并划转收款单位账户 国库（银行）盖章　2013年05月15日	备注：

第一联（收据）国库（银行）收款盖章后退缴款单位（人）作完税凭证

无银行收讫章无效

逾期不缴按税法规定加收滞纳金

	中华人民共和国 税收通用缴款书				(2012) 京国缴电　No 0652211 国		
隶属关系：地市					缴款书号码：11309000384470111		
注册类型：股份有限公司		填发日期：2013年05月15日			征收机关：海淀区国税第三税务所		

缴款单位（人）	代码	110108104789528	预算科目	编码	101043600	
	全称	北京宏虹股份有限公司		名称	私营企业所得税	
	开户银行	中国建设银行清河支行		级次	中央60% 市20% 区县20%	
	账号	010910601001201050112 31		收款国库	工商海淀分理处	

缴款所属时期：	2012-01-01至12-31		税款限缴日期：	2013年05月31日	
品目名称	课税数量	计税金额或销售收入	税率或单位税额	已缴或扣除额	实缴金额
工业（25%）		2966352.16	0.25	626240.00	¥115348.04
金额合计	（大写）计壹拾壹万伍仟叁佰肆拾捌元零肆分				¥115348.04

缴款单位（人）（盖章） 经办人（章）	税务机关（盖章） 经办人（章）	上列款项已收妥并划转收款单位账户 国库（银行）盖章　2013年05月15日	备注：

第二联，开户银行作借方传票缴款单位（人）的支付凭证

无银行收讫章无效

逾期不缴按税法规定加收滞纳金

中国建设银行电子缴税付款凭证

| 中国建设银行 | 转账日期：2013年05月15日 | 凭证字号：2013051557256301 | 凭证 |

纳税人全称及纳税人识别号：北京宏虹股份有限公司 110108104789528

付款人全称：北京宏虹股份有限公司　　　征收机关名称：北京市海淀区国家税务局

付款人账号：0109106010012010501231　　收款国库（银行）名称：国家金库北京市海淀区金库（代理）

付款人开户银行：中国建设银行清河支行　　缴款书交易流水号：11309000384470111

小写（合计）金额：¥115348.04

大写（合计）金额：壹拾壹万伍仟叁佰肆拾捌元零肆分　　税款限缴日期：2013年05月31日

税票号码：11309000384470111

税（费）种名称	所属日期	实缴金额
企业所得税	20120101-20121231	¥115348.04

第一次打印　　　　　　　　　　　　　　　　打印时间：2013年05月15日10时20分

（14.85公分×21公分）　第二联　作付款回单（无银行收讫章无效）　复核　记账

第十四节　个人所得税纳税申报

一、征税机关

个人所得税属于中央与地方共享税，其所得属于中央政府和地方政府的共同收入。除储蓄存款利息所得的个人所得税全部归中央政府所有外，其余部分中央与地方政府按60%与40%的比例分享。中央与地方共享税原则上应当由国家税务局征收管理。但由于历史原因，除储蓄存款利息所得的个人所得税由国家税务局征收管理外，其他所得的个人所得税（包括个人独资、合伙企业的个人所得税）仍由地方税务局负责征收管理。

二、纳税办法

储蓄存款利息所得的个人所得税由银行等金融机构代扣后向国家税务局申报代缴，其他所得的个人所得税仍由地方税务局负责征收管理。由于地方税务局的地方性较强，征收管理要求不同，所以纳税申报表的格式有所不同，要求重点填列的项目也有所不同，但上述不同只是形式上的差异，没有本质区别。本节以北京市地方税务局的个人所得税纳税申报表为例进行讲解。

个人所得税是对个人所得征收的一种税，涉及人员广泛，每个人的税额相对企业一般又较小，若每个人都自行申报纳税，税务机关的工作量将大大增加；另外，目前个人纳税意识不强，为了源泉控税，防止偷税、漏税和逃税行为的发生，国家制定了由支付个人收入的单位代扣代缴个人所得税的征税方式。因此，个人所得税的纳税办法，有自行申报纳税和代扣代缴纳税两种。

个人所得税法将应税所得分为11类计算征收个人所得税，不同类别应税所得计算方法不同，纳税期限也不同，有的应税所得按月计算纳税，有的按年计算纳税，有的按次计算纳税，情况复杂。另外，纳税申报方法主要分为自行申报纳税和代扣代缴纳税两种，实务中采用填列自行申报表和代扣代缴报告表的方式进行个人所得税申报，每个纳税申报表、代扣代缴报告表可以综合填列各种应税所得。因此，本节分自行纳税申报实例操作和代扣代缴纳税申报实例操作进行讲解。

三、自行纳税申报实例操作

为有效控制个人所得税及时缴入国库，个人所得税法规定以支付个人所得的单位为扣缴义务人代扣代缴个人所得税。对没有扣缴义务人或者虽有扣缴义务人但未履行扣缴义务的，从中国境内两处或者两处以上取得工资、薪金，从中国境外取得所得的，以及年所得12万元以上的等情况，须纳税人自行申报个人所得税。

（一）从中国境内两处或者两处以上取得工资、薪金以及从中国境外取得所得的自行纳税申报

【例2-16】 中国居民王东被北京欣欣有限公司派遣至北京晓晓外商投资企业工作，其职务为董事，职业为会计师；其身份证号码为110102196209097632，个人社保编码为1025552948，开户银行为北京商业银行，账号为1080102196208，通讯地址为北京市方鑫园小区3301号，邮政编码为100088。王东2012年12月份取得收入如下：

（1）取得北京晓晓外商投资企业为其支付的工资12 100元，该企业扣缴其社会保险费1 234元和住房公积金1 452元。同时取得其派遣单位北京欣欣有限公司所发工资1 000元。工资、薪金所得已由支付单位代扣代缴了个人所得税。

（2）在A国因提供一项专利技术使用权，一次取得特许权使用费收入30 000元，该项收入在A国缴纳个人所得税4 600元；在B国因提供劳务取得劳务报酬10 500元，在B国缴纳该项收入的个人所得税1 720元。

【解析】 根据上述资料，王东2012年12月份的个人所得税纳税申报如下：

（一）计算填列个人所得税自行申报表

1. 两处取得工资、薪金所得

雇佣单位代扣代缴个人所得税额＝（月工资－社会保险费－住房公积金－费用减除标准）×税率－速算扣除数＝（12 100－1 234－1 452－3 500）×20％－555＝5 914×20％－555＝627.8（元）

派遣单位代扣代缴个人所得税额＝月工资×税率－速算扣除数＝1 000×3％－0＝30（元）

实际应纳个人所得税额＝（月工资合计－社会保险费－住房公积金－费用减除标准）×税率－速算扣除数＝[（12 100＋1 000）－1 234－1 452－3 500]×20％－555＝6 914×20％－555＝827.8（元）

王东应持两处支付单位提供的原始明细工资、薪金单和完税凭证原件，选择并固定到一地税务机关申报每月工资、薪金收入，汇算清缴其工资、薪金收入的个人所得税，多退少补。

王东需自行申报的应纳税额＝实际应纳个人所得税额－雇佣单位代扣代缴个人所得税

额－派遣单位代扣代缴个人所得税额＝827.8－627.8－30＝170（元）

2. 境外所得的抵减

按照我国税法规定的费用减除标准和税率，计算该纳税人从 A 国、B 国取得所得的应纳税额，该应纳税额即为抵减限额。纳税人依照税法的规定申请扣除已在境外缴纳的个人所得税额时，应当提供境外税务机关填发的完税凭证原件。

(1) A 国所纳个人所得税的抵减。

按照我国税法规定，该纳税人从 A 国取得的特许权使用费收入，应减除 20% 的费用，其余额按 20% 的比例税率计算应纳税额。

特许权使用费所得的抵减限额＝（特许权使用费所得－费用减除标准）×适用税率＝（30 000－30 000×20%）×20%＝4 800（元）

王东从 A 国取得的特许权使用费所得在 A 国实际缴纳个人所得税 4 600 元，低于抵减限额，可以全额抵扣，并需在中国自行申报补缴差额部分的税款，计 200 元（4 800－4 600）。

(2) B 国所纳个人所得税的抵减。

按照我国税法规定，该纳税人从 B 国取得的劳务报酬所得，应减除 20% 的费用，就其余额按 20% 的税率计算应纳税额。

劳务报酬所得的抵减限额＝（劳务报酬所得－费用减除标准）×适用税率＝（10 500－10 500×20%）×20%＝1 680（元）

王东从 B 国取得的劳务报酬所得在 B 国实际缴纳个人所得税 1 720 元，超出抵减限额 40 元（1 720－1 680），不能在本年度扣除，但可在以后 5 个纳税年度的该国减除限额的余额中补减。

综合上述计算结果，王东应因两处取得工资、薪金所得自行申报补缴工资、薪金所得个人所得税 170 元，因境外所得自行申报补缴个人所得税 200 元，合计应自行申报补缴个人所得税 370 元。

表 2-33

个人所得税自行申报表

填表日期：2013 年 01 月 04 日　　　　　　　所得期间：2012 年 12 月
　　　　　　　　　　　　　　　　　　　　　申报流水号：
　　　　　　　　　　　　　　　　　　　　　金额单位：人民币元（列至角分）

正常申报□　自查补报□　身份证□　被查补报□　身份证明号□　延期申报预缴□　汇缴申报□

国籍	中国	何国（地区）税收居民	中国	纳税人姓名（中文）		纳税人姓名（英文）		出生时间	1962 年 09 月 09 日
在中国境内通讯地址	北京市方鑫园小区 3301 号	邮政编码	100088	个人社保编码	1025552948	境外服务单位	开户银行 北京商业银行	在中国境外住址	账号 108010219620208
境内服务单位名称/编码	北京晓晓外商投资企业			电话号码	87230803	职业	会计师	入职时间	1992 年 8 月
在中国境内有无住所	有□ 无□	本年预计在华居住天数		本年在华累计居住天数		职务 董事	是否在华居住满 5 年 是□ 否□	本年一次离境最长天数	

所得项目	所得项目子目	所属时间（起）	所属时间（止）	收入来源地	收入来源单位名称	收入来源单位纳税编码	本年在华工作天数	收入额 境内企业支付	收入额 境外企业支付	其中:已申报的收入额 境内企业支付	其中:已申报的收入额 境外企业支付	免税收入额	按规定扣除项目 社会保险费	按规定扣除项目 住房公积金	其他	允许扣除的费用额	法定减除费用额	准予扣除的捐赠额	税款负担方式	雇主负担比例	雇主负担的税款	原国外应纳税额	应纳税所得额	税率	速算扣除数	应纳税额	已申报应纳税额	批准减免税额	可抵缴税额	应补（退）税额
1	2	3	4	5	6	7	8	9	10	11	12	13	14	15	16	17	18	19	20	21	22	23	24	25	26	27	28	29	30	31=27—28—29—30
工资薪金所得	月度工资薪金	2012.12.01	2012.12.31	境内				13 100					1 234	1 452			3 500						6 914	20%	555	827.8	657.8	0		170
特许权使用费所得		2012.12.01	2012.12.31	境外					30 000								6 000						24 000	20%		4 800	0	0	4 600	200
劳务报酬所得		2012.12.01	2012.12.31	境外					10 500								2 100						8 400	20%		1 680	0	0	1 680	0
合 计								13 100	40 500				1 234	1 452			11 600						39 314		555	7 307.8	657.8	0	6 280	370

纳税人声明	我声明：此申报表是根据《中华人民共和国个人所得税法》及相关法律法规的规定填报的，我确信它是真实的、可靠的、完整的。纳税人（签章）：	代理人声明	我声明：此申报表是根据《中华人民共和国个人所得税法》及相关法律法规的规定填报的，我确信它是真实的、可靠的、完整的。代理人（签章）：	以下由税务机关填写	录入人（签章）：

受理人（签章）：　　　　　　　　受理申报日期：　年　月　日　　　　　　　录入日期：　年　月　日

填表说明

（一）本表适用于纳税人自行申报个人所得税。

（二）负有纳税义务的个人不能按照规定期限报送本表时，应当在规定的报送期限内提出申请，经主管税务机关批准，可以适当延长期限。

（三）未按照规定期限向税务机关报送本表的，按照《征管法》规定予以处罚。

（四）本表各栏的填写如下：

1. 表头说明

（1）"所得期间"：填写纳税人取得应税所得的时间。

（2）纳税人按税务机关要求进行正常申报的选"正常申报"；根据税务机关的自查公告或在正常申报后，发现问题，进行补申报的，选择"自查补报"；纳税人在稽查局发出稽查通知书后就以往税期的税款进行申报的选择"被查补报"；纳税人申请延期申报，经税务机关批准后，纳税人根据审批文书填写申报表预缴税款时，选"延期申报预缴"。延期申报预缴后在规定限期内进行申报的，选"正常申报"。

实行按月预缴、年终清算方式缴纳个人所得税的年薪制、特种行业（采掘业、远洋运输业、远洋捕捞业）的纳税人在年终清算时，以及外籍人员离境清算和年终清算时选择"汇缴申报"，并同时在以上四种申报中选择一项。

2. 主表说明

（1）"身份证明类别"：填写"身份证"、"军官证"、"护照"、"通行证"、"回乡证"、"台胞证"、"旅行证"和"其他"。

（2）"何国（地区）税收居民"：是指纳税人是哪个国家或地区的居民纳税人，一般与国籍相同。该栏如没有填写的将视同与国籍一致。

（3）"职务"：填写"董事长"、"副董事长"、"董事"、"董事兼高层管理人员"、"总经理"、"副总经理"、"其他高层管理人员"（含各职能总师、总监及其他类似公司管理层的职务）、"部门经理"、"部门副经理"、"部门主管"、"部门副主管"、"其他中层管理人员"、"其他人员"。该栏如没有填写的将视为"其他高层管理人员"。

（4）"职业"：填写"律师"、"会计师"、"审计师"、"评估师"、"工程师"、"设计师"、"医生"、"作家"、"书画家"、"演艺人员"、"导演"、"新闻工作者"、"经纪人"、"大学教授"、"大学讲师"、"其他教师"、"运动员"、"教练员"、"导游"、"厨师"、"美容美发师"、"航空人员"、"公务员"、"其他"。该栏如没有填写的将视为"其他"。

（5）"境内是否有住所"：在"有"、"无"选择栏打√。"境内有住所"是指因户籍、家庭、经济利益关系而在中国境内习惯性居住。

（6）"本年预计在华居住天数"：是指从本年度1月1日起至12月31日止预计在中国境内的天数，事先不能预计的可不填写。国内人员不填。

（7）"本年在华累计居住天数"：是指从本年度1月1日起至申报期内在中国境内的实际居住的天数。国内人员不填。外籍人员该栏没有填写的视为365天均在中国境内居住。

（8）"是否在华居住满5年"：在"是"、"否"选择栏打√。在华居住满5年是指至上一年 12 月 31 日止在连续 5 年中的每一纳税年度内均居住满 1 年；居住满 1 年是指 1 年内在中国居住 365 日（如税收协定规定的停留期以任何 12 个月或 365 天计算的，则按协定的规定跨年计算），一次不超过 30 日或者多次累计不超过 90 日的离境不得扣减日数。国内人员不填。该栏没有填写的视为"是"。

（9）"一次离境最长天数"：填写本年度一次离境最长天数。

（10）"所得项目"：填写"工资薪金所得"、"劳务报酬所得"、"稿酬所得"、"特许权使用费所得"、"利息、股息、红利所得"、"财产租赁所得"、"财产转让所得"、"偶然所得"、"其他所得"。该栏没有填写的视为"工资薪金所得"。

（11）"所得项目子目"：所得项目为工资薪金所得的按下列情况分别填写，其他所得项目不填。

①国内人员填写"月度工资薪金"、"数月奖金"、"年终双薪"、"补发以往月份工资"、"年薪制工资"、"个人因解除劳动关系的一次性补偿收入"、"其他"。该栏没有填写的视为"月度工资薪金"。

②外籍人员及港澳台同胞填写"月度工资薪金"、"数月奖金"、"年终双薪"、"补发以往月份工资"、"退职费补偿"、"其他"。该栏没有填写的视为"月度工资薪金"。

（12）"所属时间（起）"、"所属时间（止）"：是指纳税人该项所得的所属期间。

（13）"本月在华工作天数"：是指申报所属时期内在中国境内的工作天数和在中国境内工作期间在境内、外享受的公休假日、个人休假日以及接受培训的天数。该栏没有填写的视为全月均在中国境内工作。

（14）"收入来源地"：填写"境内"、"境外"。境内是指来源于中国境内的所得；境外是指来源于中国境外的所得。该栏没有填写的视同"境内"。

（15）"境内企业支付"：是指由中国境内雇主支付或者由中国境内机构负担的收入总额，包括现金、实物、有价证券等，如为外国货币的，应按税法规定折合人民币填写。

（16）"境外企业支付"：是指由中国境外雇主支付并且不是由中国境内机构负担的收入总额，包括现金、实物、有价证券等，如为外国货币的，应按税法规定折合人民币填写。

（17）"按规定扣除项目"：申报工资薪金所得填写此栏，填写按规定允许减除的个人缴纳的社保费（基本养老保险金、医疗保险金、失业保险金）和住房公积金，以及其他准予扣除的费用。

（18）"免税收入额"：是指按规定免征个人所得税的收入额。该栏没有填写的视为 0。

（19）"允许扣除的费用额"：只适用于"劳务报酬所得"、"稿酬所得"、"特许权使用费所得"、"财产租赁所得"和"财产转让所得"项目。

①"劳务报酬所得"、"稿酬所得"允许扣除的费用额是指劳务发生过程中实际缴纳的税费。

②"特许权使用费所得"允许扣除的费用额是指提供特许权使用过程中发生的中介费和相关税费。

③"财产租赁所得"允许扣除的费用额是指规定的修缮费和出租过程中发生的相关税费。

④"财产转让所得"允许扣除的费用额是指财产原值和转让过程中发生的合理费用及缴纳的税金。

(20)"法定减除费用额"：根据《中华人民共和国个人所得税法》第6条第1款和第4款、第6款的第3项及其有关规定减除的费用额填入本栏。

(21)"准予扣除的捐赠额"：是指按税法规定可从个人应纳税所得额中扣除的教育和公益性捐赠额。该栏没有填写的视为0。

(22)"税款负担方式"：按下列情况分别填写。

①国内人员填写"纳税人自行负担"、"雇主全额负担"、"雇主定额负担"、"雇主比例负担"。该栏没有填写的视为"纳税人自行负担"。

②外籍人员及港澳台同胞填写"纳税人自行负担"、"雇主全额负担"、"雇主定额负担"、"雇主比例负担"、"雇主为其雇员负担超过原居住国的税款"。该栏没有填写的视为"纳税人自行负担"。

(23)"雇主负担比例"：税款负担方式为"雇主比例负担"的填写此栏，按雇主实际负担比例填写。该栏没有填写的视为0。

(24)"雇主负担税款"：税款负担方式为"雇主定额负担"的填写此栏，按雇主为其雇员定额负担的税款填写，没有的不填写此栏。

(25)"原国应纳税额"：是指纳税人按其原居住国税法计算的应纳税额。税款负担方式为"雇主为其雇员负担超过原居住国的税款"或"雇主全额负担"方式下雇主全额负担纳税人原居住国的税款应填写此栏。

(26)"已申报应纳税额"：填写"已申报收入额"栏对应已申报的应纳税额。

(27)"批准减免税额"：是指本次申报中按有关规定批准免征或减征的税款。该栏没有填写的视为0。

(28)"可抵缴税额"：是指纳税人已缴税款中按税法规定经税务机关允许可在本次申报中抵缴的税额。该栏没有填写的视为0。

(29)表中基本关系式（自行负担税款）：24＝9＋10－13－14－15－16－17－18－19，13至19项对应的减除项目，税法不允许扣除的或未发生的不填，默认为0。

(五)本表按所得期间分别填写。

(六)本表为A3横式，填写一式两份，纳税人一份，税务机关留存一份。

(二)自行申报应纳个人所得税税款

自行申报并汇算清缴2012年12月1日至12月31日应纳的个人所得税税款370元。

附：

北京市地方税务局票证专用 （2012） 京地电库： No 3829391
电子缴库专用缴款书

填发日期：2013年01月04日 征收机关：海淀区地税学院路税务所

☑ 已申报   申报序号：061112410104417122   ☐ 未申报

纳税人身份证号码	110102196209097632	征收机关代码	21100000000
纳税人名称	王东	征收机关名称	北京市海淀区地方税务局
付款人名称	王东	收款国库名称	国家金库北京海淀区支库
付款人开户银行名称		国库清算行号	011100000003
付款人账号			

纳税项目名称	课税数量	计税金额	实缴金额
个人所得税			370.00

金额合计（大写）：计叁佰柒拾元整   金额合计（小写）：¥370.00

付款人盖章 经办人（章）	税务机关（章）	银行 记账员 盖章	备注：

注：现金付讫。

（二）年所得 12 万元以上的纳税人自行纳税申报实例操作

【例 2-17】 中国居民李宏轩在北京晓晓化妆品有限公司任职，其职务为财务总监，职业为高级会计师，其身份证号码为 110102197010057632，开户银行为北京商业银行清河支行，账号为 1080102191102，通讯地址为北京市北海绿园小区 6201 号，邮政编码为 100066。李宏轩 2012 年度取得收入如下：

（1）每月取得工资收入 10 000 元，单位扣缴其社会保险费 1 020 元、住房公积金 1 200 元。

（2）单位为其缴纳商业医疗保险费 1 000 元。

（3）年终取得一次性奖金 60 000 元。

（4）12 月份接受邀请给一个单位讲学 4 次，每次取得讲课费 3 000 元。

（5）与他人共同编写一部著作出版取得稿酬 15 000 元；由于该书加印，又取得稿酬 5 000 元。

（6）取得国债利息收入 8 000 元。

（7）被投资企业为其购买小汽车一辆，价值 150 000 元。

（8）1 月份将市区内闲置的一处住房出租给他人居住，租期 1 年，每月租金 4 000 元，营业税税率为 3%减半，城市维护建设税税率为 7%，教育费附加征收比率为 3%，房产税税率为 4%，个人所得税税率为 10%。

【解析】 根据上述资料，李宏轩 2012 年度个人所得税纳税申报如下：

（一）计算填列个人所得税纳税申报表

1. 工资、薪金所得

（1）单位为李宏轩支付的商业医疗保险费不得税前扣除，应并入工资、薪金所得计征个人所得税；年终取得一次性奖金应单独计征个人所得税。

工资、薪金所得应纳税额=[(10 000+1 000-1 020-1 200-3 500)×20%-555]×12=[5 280×20%-555]×12=501×12=6 012（元）

工资、薪金所得代扣代缴税额=[(10 000+1 000-1 020-1 200-3 500)×20%-555]×12=501×12=6 012（元）

（2）年终取得一次性奖金 60 000 元除以 12 等于 5 000 元，则全年一次性奖金适用的个人所得税税率为 20%，速算扣除数为 555 元。

全年一次性奖金所得应纳税额=60 000×20%-555=11 445（元）

全年一次性奖金所得代扣代缴税额=60 000×20%-555=11 445（元）

（3）工资、薪金所得应补缴税额=(6 012+11 445)-(6 012+11 445)=17 457-17 457=0（元）

2. 劳务报酬所得

在同一个月内讲学 4 次应合并为一次按劳务报酬所得计征个人所得税。

劳务报酬所得应纳税额=3 000×4×(1-20%)×20%=1 920（元）

劳务报酬所得代扣代缴税额=3 000×4×(1-20%)×20%=1 920（元）

劳务报酬所得应补缴税额=1 920-1 920=0（元）

3. 稿酬所得

出版和加印分别取得稿酬应合并为一次按稿酬所得计征个人所得税。

稿酬所得应纳税额=(15 000+5 000)×(1-20%)×20%=3 200（元）

稿酬所得代扣代缴税额=(15 000+5 000)×(1-20%)×20%×(1-30%)=2 240（元）

稿酬所得减免税额=3 200×30%=960（元）

稿酬所得应补缴税额=3 200-2 240-960=0（元）

4. 利息、股息、红利所得

国债利息免征个人所得税。被投资企业为其购买小汽车按利息、股息、红利所得计征个人所得税。

利息、股息、红利所得应纳税额=150 000×20%=30 000（元）

利息、股息、红利所得代扣代缴税额=150 000×20%=30 000（元）

利息、股息、红利所得应补缴税额=30 000-30 000=0（元）

5. 财产租赁所得

每月租金收入按财产租赁所得计征个人所得税。

财产租赁所得应纳税额=[4 000-4 000×3%×50%×(1+7%+3%)-4 000×4%-800]×10%×12=2 974×10%×12=3 568.8（元）

财产租赁所得代扣代缴税额 [4 000-4 000×3%×50%×(1+7%+3%)-4 000×4%-800]×10%×12=2 974×10%×12=3 568.8（元）

财产租赁所得应补缴税额=3 568.8-3 568.8=0（元）

6. 全年应纳个人所得税额

全年应纳个人所得税额=17 457+1 920+3 200+30 000+3 568.8=56 145.8（元）

全年代扣代缴个人所得税额=17 457+1 920+2 240+30 000+3 568.8=55 185.8（元）

全年所得减免税额=960 元

全年补缴个人所得税额=56 145.8-55 185.8-960=0（元）

表2-34

所得年份：2012年

个人所得税纳税申报表

（适用于年所得12万元以上的纳税人申报）

金额单位：人民币元（列至角分）

纳税人姓名	李宏轩	国籍（地区）	中国	身份证照类型	身份证	身份证照号码	110102197010057632		
任职、受雇单位	北京晓晓化妆品有限公司	任职受雇单位税务代码		任职受雇单位所属行业	工业企业	职务	财务总监	职业	高级会计师
在华天数		境内有效联系地址	北京市北海绿园小区6201号	境内有效联系地址邮编		100066		联系电话	62081666

填表日期：2013年03月06日

此行由取得经营所得的纳税人填写 ｜ 经营单位纳税人识别号 ｜ 经营单位纳税人名称

所得项目	年所得额			应纳税所得额	应纳税额	已缴（扣）税额	抵扣税额	减免税额	应补税额	应退税额	备注
	境内	境外	合计								
1. 工资、薪金所得	192 000		192 000	123 360	17 457	17 457			0		
2. 个体工商户的生产、经营所得											
3. 对企事业单位的承包经营、承租经营所得											
4. 劳务报酬所得	12 000		12 000	9 600	1 920	1 920			0		
5. 稿酬所得	20 000		20 000	16 000	3 200	2 240		960	0		
6. 特许权使用费所得											
7. 利息、股息、红利所得	158 000		158 000	150 000	30 000	30 000			0		
8. 财产租赁所得	48 000		48 000	35 688	3 568.8	3 568.8			0		
9. 财产转让所得											
其中：股票转让所得				—	—	—	—	—	—	—	
个人房屋转让所得											
10. 偶然所得											
11. 其他所得				—	—	—	—	—	—	—	
合 计	430 000		430 000	334 648	56 145.8	55 185.8		960	0		

我声明，此纳税申报表是根据《中华人民共和国个人所得税法》及有关法律、法规的规定填报的，我保证它是真实的、可靠的、完整的。

纳税人（签字）：　　　　　　　　　年　　月　　日

代理人（签字）：

受理申报税务机关名称（盖章）：

税务机关受理时间：　　　年　　月　　日　　　受理申报税务机关（盖章）：

联系电话：

税务机关受理人（签字）：

填表说明

（一）本表根据《中华人民共和国个人所得税法》及其实施条例和《个人所得税自行纳税申报办法（试行）》制定，适用于年所得 12 万元以上纳税人的年度自行申报。

（二）负有纳税义务的个人，可以由本人或者委托他人于纳税年度终了后 3 个月以内向主管税务机关报送本表。不能按照规定期限报送本表时，应当在规定的报送期限内提出申请，经当地税务机关批准，可以适当延期。

（三）填写本表应当使用中文，也可以同时用中、外两种文字填写。

（四）本表各栏的填写说明如下：

1. 所得年份和填表日期：申报所得年份，填写纳税人实际取得所得的年度；填表日期，填写纳税人办理纳税申报的实际日期。

2. 身份证照类型：填写纳税人的有效身份证照（居民身份证、军人身份证件、护照、回乡证等）名称。

3. 身份证照号码：填写中国居民纳税人的有效身份证照上的号码。

4. 任职、受雇单位：填写纳税人的任职、受雇单位名称。纳税人有多个任职、受雇单位时，填写受理申报的税务机关主管的任职、受雇单位。

5. 任职、受雇单位税务代码：填写受理申报的任职、受雇单位在税务机关办理税务登记或者扣缴登记的编码。

6. 任职、受雇单位所属行业：填写受理申报的任职、受雇单位所属的行业。其中，行业应按国民经济行业分类标准填写，一般填至大类。

7. 职务：填写纳税人在受理申报的任职、受雇单位所担任的职务。

8. 职业：填写纳税人的主要职业。

9. 在华天数：由中国境内无住所的纳税人填写在税款所属期内在华实际停留的总天数。

10. 中国境内有效联系地址：填写纳税人的住址或者有效联系地址。其中，中国有住所的纳税人应填写其经常居住地址。中国境内无住所居民住在公寓、宾馆、饭店的，应当填写公寓、宾馆、饭店名称和房间号码。

经常居住地是指纳税人离开户籍所在地最后连续居住 1 年以上的地方。

11. 经营单位纳税人识别码、纳税人名称：纳税人取得的年所得中含个体工商户的生产、经营所得和对企事业单位的承包经营、承租经营所得时填写本栏。

纳税人识别码：填写税务登记证号码。

纳税人名称：填写个体工商户、个人独资企业、合伙企业名称，或者承包承租经营的企事业单位名称。

12. 年所得额：填写在纳税年度内取得相应所得项目的收入总额。年所得额按《个人所得税自行纳税申报办法》的规定计算。

各项所得的计算，以人民币为单位。所得以非人民币计算的，按照税法实施条例第 43 条的规定折合成人民币。

13. 应纳税所得额：填写按照个人所得税有关规定计算的应当缴纳个人所得税的所得额。

14. 已缴（扣）税额：填写取得该项目所得在中国境内已经缴纳或者扣缴义务人已经扣缴的税款。

15. 抵扣税额：填写个人所得税法允许抵扣的在中国境外已经缴纳的个人所得税税额。

16. 减免税额：填写个人所得税法允许减征或免征的个人所得税税额。

17. 本表为 A4 横式，一式两联，第一联报税务机关，第二联纳税人留存。

（二）自行申报应纳个人所得税税款

自行申报但 2012 年度不需补缴个人所得税。

四、代扣代缴纳税申报实例操作

【例 2-18】 北京艺展广告有限公司地处北京海淀区清河小区 2 号院，其扣缴义务人编码为 110108868685732000，计算机代码为 06185112，开户行为中国建设银行清河支行，账号为 0109106010012011229898。该公司 2012 年 12 月份支付人工费用如下：

（1）支付李竟工资 5 000 元并为其扣缴社会保险费 510 元、住房公积金 600 元；支付张建工资 8 000 元并为其扣缴社会保险费 816 元、住房公积金 960 元；支付王辉工资 11 000 元并为其扣缴社会保险费 1 122 元、住房公积金 1 320 元。李竟、张建、王辉的身份证号码分别为 110102197209083746、110102197810083569、110102198010083512。

（2）支付王春广告设计费 4 500 元。王春的身份证号码为 110102198809083712。

（3）因有奖销售支付赵奇奖金 3 000 元。赵奇的身份证号码为 110109197606130980。

（4）因受让孙丹某项专利权支付专利使用费 30 000 元。孙丹的身份证号码为 110101197301270380。

【解析】 根据上述资料，北京艺展广告有限公司计算填列 2012 年 12 月份的扣缴个人所得税报告表如下：

（一）计算填列扣缴个人所得税报告表

1. 工资、薪金所得

应代扣代缴李竟工资、薪金所得税额＝（5 000－510－600－3 500）×3％＝390×3％＝11.7（元）

应代扣代缴张建工资、薪金所得税额＝（8 000－816－960－3 500）×10％－105＝2 724×10％－105＝167.4（元）

应代扣代缴王辉工资、薪金所得税额＝（11 000－1 122－1 320－3 500）×20％－555＝5 058×20％－555＝456.6（元）

2. 劳务报酬所得

应代扣代缴王春劳务报酬所得税额＝（4 500－4 500×20％）×20％＝3 600×20％＝720（元）

3. 偶然所得

应代扣代缴赵奇偶然所得税额＝3 000×20％＝600（元）

4. 特许权使用费所得

应代扣代缴孙丹特许权使用费所得税额＝（30 000－30 000×20％）×20％＝24 000×20％＝4 800（元）

5. 应代扣代缴个人所得税额

12 月份应代扣代缴税额＝（11.7＋167.4＋456.6）＋720＋600＋4 800＝6 755.7（元）

表 2-35

扣缴个人所得税报告表

扣缴义务人编码： | 1 | 1 | 0 | 1 | 0 | 8 | 8 | 6 | 8 | 5 | 7 | 3 | 2 | 0 | 0 | 0 |

根据《中华人民共和国个人所得税法》第 9 条的规定，制定本表。扣缴义务人应将本月扣缴的税款在次月 7 日内缴入国库，并向当地税务机关报送本表。

扣缴义务人名称：北京艺展广告有限公司　　地址　　电话

填表日期：2013 年 01 月 04 日
金额单位：人民币元（列至角分）

纳税人姓名	工作单位及地址	纳税人识别号	所得项目	所得期间	收入额						减费用额	应纳税所得额	税率	速算扣除数	扣缴所得税额	完税证号	纳税日期
					人民币	货币名称	外币 金额	外汇牌价	折合人民币	人民币合计							
李竞		110102197209083746	工资、薪金所得	12—12	5 000					5 000	4 610	390	3%	0	11.7		
张建		110102197810083569	工资、薪金所得	12—12	8 000					8 000	5 276	2 724	10%	105	167.4		
王辉		110102198010083512	工资、薪金所得	12—12	11 000					11 000	5 942	5 058	20%	555	456.6		
王春		110102198809083712	劳务报酬所得	12—12	4 500					4 500	900	3 600	20%	0	720		
赵奇		110109197606130980	偶然所得	12—12	3 000					3 000	0	3 000	20%	0	600		
孙丹		110101197301270380	特许权使用费所得	12—12	30 000					30 000	6 000	24 000	20%	0	4 800		
合计					61 500					61 500	22 728	38 772		660	6 755.7		

如果由扣缴义务人填写完税证，应在报送此表时附完税证副联　　份

扣缴义务人声明	我声明：此扣缴申报表是根据《中华人民共和国个人所得税法》的规定填报的，我确信它是真实的、可靠的、完整的。	扣缴单位（或个人）盖章：
	负责人签字：	
	声明人签字：	

合计主管人签字：　　　　　　　　　　　　　　审核日期

以下由税务机关填写

收到申报日期		接收人	
审核记录		主管税务机关（公章）：	
		主管税务员签字：	

填表说明

（一）本表适用于扣缴义务人申报扣缴的所得税额。

（二）扣缴义务人不能按规定期限报送本表时，应当在规定的报送期限内提出申请，经当地税务机关批准，可以适当延长期限。

（三）扣缴义务人未按规定期限向税务机关报送本表的，依照《征管法》第39条的规定，予以处罚。

（四）填写本表要用中文，也可用中、外两种文字填写。

（五）本表各栏的填写如下：

1. 扣缴义务人编码：填写办理税务登记时，由主管税务机关所确定的扣缴义务人的税务编码。

2. 填表日期：填写办理扣缴申报时的实际日期。

3. 扣缴义务人名称：填写实际支付个人工资、薪金等项所得的单位或个人的法定名称或姓名。

4. 纳税人姓名：纳税人如在中国境内无住所，其姓名应当用中文和外文两种文字填写。

5. 所得项目：按照税法规定项目填写。同一纳税人有多项所得时，应分别填写。

6. 所得期间：填写扣缴义务人支付所得的时间。

7. 扣缴所得税额：适用超额累进税率的，按下列公式计算：

速算扣除数＝前一级的最高所得额×（本级税率－前一级税率）＋前级速算扣除数

扣缴所得税额＝应纳税所得额×适用税率－速算扣除数

适用比例税率计算的，按下列公式计算：

扣缴所得税额＝应纳税所得额×税率

8. 完税证号与纳税日期：填写扣缴义务人在扣缴税款时填开的完税证（代缴款书）的字号及纳税日期。

（二）代扣代缴应纳个人所得税税款

代扣代缴2012年12月1日至12月31日应纳的个人所得税税款6 755.7元。

附：

北京市地方税务局票证专用 (2012) **京地电库：** No 3829312
电子缴库专用缴款书

填发日期：2013年01月04日　　征收机关：海淀区地税清河税务所

☑ 已申报　　申报序号：061851120104417788　　□ 未申报

纳税人计算机代码	06185112	征收机关代码	21100000000
纳税人名称	北京艺展广告有限公司	征收机关名称	北京市海淀区地方税务局
付款人名称	北京艺展广告有限公司	收款国库名称	国家金库北京海淀区支库
付款人开户银行名称	中国建设银行清河支行	国库清算行号	011100000003
付款人账号	010910601001201122 9898		

纳税项目名称	课税数量	计税金额	实缴金额
个人所得税			6755.70

金额合计（大写）：计陆仟柒佰伍拾伍元柒角整　　　　金额合计（小写）：¥6755.70

付款人盖章 经办人（章）	税务机关 （章）	银行 记账员　盖章	备注：

中国建设银行电子缴税付款凭证

中国建设银行　　转账日期：2013年01月04日　　凭证字号：2013010457256312　　凭证

纳税人全称及纳税人计算机代码：北京艺展广告有限公司　06185112

付款人全称：北京艺展广告有限公司　　　　征收机关名称：北京市海淀区地方税务局

付款人账号：010910601001201122 9898　　收款国库（银行）名称：国家金库北京市海淀区金库（代理）

付款人开户银行：中国建设银行清河支行　　缴款书交易流水号：061851120104417788

小写（合计）金额：¥6755.70　　　　　　　税票号码：061851120104417788

大写（合计）金额：陆仟柒佰伍拾伍元柒角整　　税款限缴日期：　2013年01月07日

税（费）种名称	所属日期	实缴金额
个人所得税	20121201-20121231	¥6755.70

第一次打印　　　　　　　　　　　　打印时间：2013年01月04日11时10分

（14.85公分×21公分）　　第二联　　作付款回单（无银行收讫章无效）　　复核　记账

3
CHAPTER

第三章
《纳税申报实务》实训指导

一、实训的性质和目的

纳税申报实务是高等教育会计学专业的专业实训课程。

纳税申报实务是在学完《税法》理论课程的基础上，通过纳税申报实务的实训，使学生全面系统地理解和掌握增值税、企业所得税等主要税种的纳税申报的基本方法和基本技能。目的是培养学生理论联系实际、解决实际问题的能力，使学生全面系统地掌握各税种应纳税额的计算及纳税申报的整套业务流程及方法，从而达到税法理论教学与纳税实务的统一，提高学生独立承担纳税申报工作的实际操作能力，为其毕业后从事会计及税务工作奠定坚实基础，以增强会计学专业学生的就业优势。

二、实训的任务和内容

为方便学生完成模拟实训，将所整理的纳税申报实训所需空白表格装订成册，称为《纳税申报实务》模拟实训配套练习册。

实训一 增值税一般纳税人增值税纳税申报模拟实训

（一）实训任务

根据以下实训资料，结合《纳税申报实务》模拟实训配套练习册，完成增值税一般纳税人增值税纳税申报实训，掌握增值税一般纳税人增值税纳税申报的基本方法和基本技能。

（二）实训资料

北京海德科技有限公司为增值税一般纳税人，其法定代表人为王荣鑫，纳税人识别号为110108290686680，开户银行为中国工商银行上地支行，账号为10091060100120105007059，电话号码为69218305，注册地址为北京市海淀区上地信息路20号，营业地址为北京市海淀区上地信息路20号。其增值税纳税期限为1个月。2012年12月份生产经营情况如下：

（1）购买原材料取得防伪税控系统开具的增值税专用发票情况如表3-1所示；购买一台生产用固定资产取得防伪税控系统开具的增值税专用发票上注明的金额为287 347.96元，税额为48 849.15元；取得运输费用结算单据5份，注明的金额为5 800元。上述增值税抵扣凭证均在法定期限内通过认证，并在本期全部申报抵扣进项税额。前期取得但尚未申报抵扣的防伪税控系统开具的增值税专用发票情况如表3-2所示。

表 3-1　　　　　　本期取得防伪税控系统开具的增值税专用发票及认证情况表

金额单位：人民币元（列至角分）

发票代码	发票号码	开票日期	金额	税额	销货方纳税人识别号	认证日期
1321457090	10135653	20121203	22 222.22	3 777.78	13020255D334569	20121231
1107358765	11825467	20121204	85 469.23	14 529.77	110297K2730X297	20121231
1203758753	14243452	20121206	1 461 935.04	248 528.96	110867546786754	20121231
1104938757	12345363	20121213	76 971.79	13 085.21	130023759272544	20121231
1100395789	12354438	20121214	39 303.42	6 681.58	110324352983697	20121231
1103085973	17233543	20121217	94 290.56	16 029.40	130793247243568	20121231
1103098527	12635468	20121225	69 012.82	11 732.18	130867567642435	20121231
1301335466	12354535	20121228	96 782.39	16 453.01	110354368791249	20121231

表 3-2　　　　　　前期取得防伪税控系统开具的增值税专用发票及认证情况表

金额单位：人民币元（列至角分）

发票代码	发票号码	开票日期	金额	税额	销货方纳税人识别号	认证日期
1106867534	14452466	20121105	171 169.23	29 098.77	110987834657645	20121130
1108675646	12547545	20121127	69 692.31	11 847.69	110354654664530	20121130

（2）本期有 331 935.47 元的外购材料用于非增值税应税项目，其所负担的增值税税款为 56 429.03 元；35 400.29 元的外购材料发生非正常损失，其所负担的增值税税款为 6 018.05 元。

（3）本期销售产品并开具防伪税控系统的增值税专用发票情况如表 3-3 所示，其中号码为 10088536 的发票因开具发票形式不符合要求而作废，号码为 10088545 的发票为红字发票；销售产品开具增值税普通发票 2 张，注明的金额为 162 393.16 元，税额为 27 606.84 元；销售产品但未开具发票的金额为 5 500 元；因销售产品提供运输劳务开具普通发票 20 份，收取运费 56 485 元。

表 3-3　　　　　　　　防伪税控系统开具的增值税专用发票情况表

金额单位：人民币元（列至角分）

发票代码	发票号码	开票日期	购货方纳税人识别号	金额	税额	备注
1100052170	10088533	20121203	120947594760351	52 136.75	8 863.25	
1100052170	10088534	20121204	130203985974003	517 948.72	88 051.28	
1100052170	10088535	20121205	130973594785385	155 128.21	26 371.79	
1100052170	10088536	20121206	130207793875493	195 512.82	33 237.18	作废
1100052170	10088537	20121206	130207793875493	195 512.82	33 237.18	
1100052170	10088538	20121207	120205793478103	1 794.87	305.13	
1100052170	10088539	20121211	130023849388540	888 888.89	151 111.11	
1100052170	10088540	20121212	110110397594697	203 418.80	34 581.20	
1100052170	10088541	20121213	110834733098597	115 961.54	19 713.46	
1100052170	10088542	20121214	120903465768856	4 136.75	703.25	
1100052170	10088543	20121218	110409243568003	116 153.85	19 746.15	
1100052170	10088544	20121219	13057048694372X	4 975 992.44	845 918.71	
1100052170	10088545	20121225	130209X7355042X	−20 283.02	−3 448.11	红字
1100052170	10088546	20121226	110498750245306	62 304.27	10 591.73	
1100052170	10088547	20121227	110043097594774	471.79	80.21	
1100052170	10088548	20121228	110043795735809	33 846.15	5 753.85	

（4）2012年初未缴税额为35 870.60元；1至11月份应税货物销售额为11 181 478元，应税劳务销售额为326 195.94元，销项税额为1 956 304.57元，进项税额为597 653.26元，其中申报抵扣固定资产进项税额为35 340元；应纳税额为1 358 651.31元。11月末未缴税额为166 535.90元，于2012年12月份缴纳。

（三）实训要求

计算填列北京海德科技有限公司2012年12月份的适用于增值税一般纳税人的增值税纳税申报表及其附列资料。

实训二 增值税小规模纳税人增值税纳税申报模拟实训

（一）实训任务

根据以下实训资料，结合《纳税申报实务》模拟实训配套练习册，完成增值税小规模纳税人增值税纳税申报实训，掌握增值税小规模纳税人增值税纳税申报的基本方法和基本技能。

（二）实训资料

北京广羡文化传媒有限公司属于增值税小规模纳税人，适用的征收率为3%。其纳税人识别号为110108396726568，开户行为中国工商银行西苑支行，账号为10091060100120105009526，电话号码为87218305。其增值税纳税期限为1个月。2012年12月份生产经营情况如下：

（1）销售产成品，取得货币资金113 452元，其中：税务机关代开的增值税专用发票注明的金额为8 500元，税额为255元；开具增值税普通发票注明的金额为5 935.23元，税额为178.06元。

（2）经税务机关检查须调整的销售额为3 500元，应纳增值税额105元。

（3）2012年1月至11月份销售货物销售额970 420元，应纳增值税额29 112.6元，其中：税务机关代开的增值税专用发票注明的金额为399 850元，税额为11 995.5元；开具增值税普通发票注明的金额为80 508元，税额为2 415.24元。

（三）实训要求

计算填列北京广羡文化传媒有限公司2012年12月份的适用于小规模纳税人的增值税纳税申报表。

实训三 消费税纳税人消费税纳税申报模拟实训

（一）实训任务

根据以下实训资料，结合《纳税申报实务》模拟实训配套练习册，完成消费税纳税人消费税纳税申报实训，掌握消费税纳税人消费税纳税申报的基本方法和基本技能。

（二）实训资料

北京风顺化妆品厂为生产性增值税一般纳税人，其纳税人识别号为1101027675 06878，开户行为中国建设银行清河支行，账号为01091060100120105001258。其消费税纳税期限为1个月。2012年12月份生产经营情况如下：

（1）期初库存外购化妆品金额为39 875元，当期外购化妆品金额为239 780元，期末库存化妆品金额为20 988元。所领用化妆品全部用于生产加工高档化妆品销售。

（2）销售化妆品开具增值税专用发票注明价款为600 375元，增值税款为102 063.75元。

（3）2012 年年初应纳消费税款为 98 305 元。

（4）2012 年 11 月份，应纳消费税款为 158 008 元，于 2012 年 12 月份缴纳。

（5）2012 年 1 至 11 月份，应纳消费税款为 1 460 306 元，准予扣除外购应税消费品已纳税款为 359 736.20 元。

（6）化妆品适用的消费税税率为 30%。

（三）实训要求

计算填列北京风顺化妆品厂 2012 年 12 月份的消费税纳税申报表。

实训四　营业税纳税人营业税纳税申报模拟实训

（一）实训任务

根据以下实训资料，结合《纳税申报实务》模拟实训配套练习册，完成营业税纳税人营业税纳税申报实训，掌握营业税纳税人营业税纳税申报的基本方法和基本技能。

（二）实训资料

北京远大房地产有限公司的纳税人识别号为 110108836561798000，纳税人计算机代码为 06183621，开户行为中国建设银行上地支行，账号为 01091060100120105050126。其营业税纳税期限为 1 个月。2012 年 12 月，该公司将自建的一栋商用写字楼以每平方米 10 000 元的价格出售，价格明显偏低且无正当理由。该楼建筑面积为 30 000 平方米，当月未销售过同类写字楼，该房产的工程成本为每平方米 33 500 元。当地政府确定的成本利润率为 10%。

（三）实训要求

计算填列北京远大房地产有限公司 2012 年 12 月份的营业税纳税申报表。

实训五　城市维护建设税纳税人城市维护建设税纳税申报模拟实训

（一）实训任务

根据以下实训资料，结合《纳税申报实务》模拟实训配套练习册，完成城市维护建设税纳税人城市维护建设税和教育费附加纳税申报实训，掌握城市维护建设税纳税人城市维护建设税、教育费附加纳税申报的基本方法和基本技能。

（二）实训资料

地处北京市郊区的北京雅马哈摩托车制造厂为增值税一般纳税人，其纳税人识别号为 110103767143566，纳税人计算机代码为 05183616，开户行为中国建设银行昌平支行，账号为 01091060100120105001915。其增值税、消费税、营业税、城市维护建设税纳税期限均为 1 个月。生产摩托车消费税税率为 10%。2012 年 12 月份生产经营情况如下（摩托车的型号、品质、价格等均完全一致）：

（1）销售 30 辆摩托车，每辆摩托车不含税价格为 5 000 元，开具了增值税专用发票。

（2）赠送给 B 协作单位摩托车 2 辆，没有开具发票。

（3）为本企业管理部门提供摩托车 1 辆以供使用。

（4）提供摩托车修理服务，开具普通发票上注明的金额为 35 100 元。

（5）提供并单独核算的运输劳务收入为 10 000 元。

（6）本月购进生产用原材料，取得增值税专用发票上注明增值税 17 000 元，该增值税专用发票已通过认证符合进项税抵扣条件，并在本期申报抵扣进项税额 17 000 元。

（三）实训要求

计算填列北京雅马哈摩托车制造厂 2012 年 12 月份的城市维护建设税纳税申报表和教育费附加申报表。

实训六 海关征收进口关税以及代征进口环节增值税和消费税模拟实训

（一）实训任务

根据以下实训资料，结合《纳税申报实务》模拟实训配套练习册，完成海关征收进口关税，代征进口环节增值税和消费税实训，掌握海关征收进口关税及代征进口环节增值税和消费税纳税申报的基本方法和基本技能。

（二）实训资料

北京宏轩进出口有限公司的纳税人识别号为 110103767056112，纳税人计算机代码为 06019312，开户行为中国建设银行上地支行，账号为 01091060100120105002011。2012 年 12 月 27 日，该公司报关从英国进口 50 箱化妆品，以离岸价格为成交价格，成交价格 60 000 美元，其中包括向境外采购代理人支付的买方佣金 2 000 美元，卖方佣金 1 000 美元。另支付运费 20 000 美元，保险费 10 000 美元。外汇折算率为 1 美元＝人民币 6.294 9 元。假设化妆品适用的进口关税税率为 50％，增值税税率为 17％，消费税税率为 30％。

（三）实训要求

计算北京宏轩进出口有限公司 2012 年 12 月 27 日的进口环节海关征收的进口关税以及代征的增值税和消费税。

实训七 资源税纳税人资源税纳税申报模拟实训

（一）实训任务

根据以下实训资料，结合《纳税申报实务》模拟实训配套练习册，完成资源税纳税人资源税纳税申报实训，掌握资源税纳税人资源税纳税申报的基本方法和基本技能。

（二）实训资料

山西柏宝有限公司的注册地址为山西大同市 204 号，纳税人识别号为 14011670101111118，纳税人计算机代码为 07302411，开户行为中国建设银行大同支行，账号为 14091060100120105001013。其资源税纳税期限为 1 个月。2012 年 12 月，以自产液体盐 30 000 吨和外购液体盐 20 000 吨（每吨已缴纳资源税 3 元）加工成固体盐 14 000 吨对外销售。已知固体盐的单位税额为每吨 12 元。

（三）实训要求

计算填列山西柏宝有限公司 2012 年 12 月份的资源税纳税申报表。

实训八 土地增值税纳税人土地增值税纳税申报模拟实训

（一）实训任务

根据以下实训资料，结合《纳税申报实务》模拟实训配套练习册，完成土地增值税纳税人土地增值税纳税申报实训，掌握土地增值税纳税人土地增值税纳税申报的基本方法和基本技能。

（二）实训资料

北京东升房地产开发有限公司地处北京市海淀区健翔路，其纳税人识别号为

110108104677912，纳税人计算机代码为 06302011，开户行为中国建设银行塔院支行，账号为 01091060100120105001111。其土地增值税纳税期限为 1 个月。2011 年 8 月起开始在海淀区健翔路附近建造东升大厦。2012 年 12 月转让房地产取得货币收入 130 200 000 元。取得土地使用权支付 13 500 000 元；房地产开发成本 36 685 400 元，其中土地征用及拆迁补偿费 579 400 元，前期工程费 4 500 000 元，建筑安装工程费 23 000 000 元，基础设施费 3 350 000 元，公共配套设施费 1 500 000 元，开发间接费用 3 756 000 元；建造东升大厦开始时向银行借款 65 000 000 元，1 年期，利率 6%，向非银行金融机构借款 3 500 000 元，1 年期，支付利息 231 000 元，不能按转让房地产项目分摊利息；其他房地产开发费用（包括印花税）3 000 000 元。房地产开发费用按取得土地使用权所支付的金额与房地产开发成本计算的金额之和的 10% 以内计算扣除。

（三）实训要求

计算填列北京东升房地产开发有限公司 2012 年 12 月份的土地增值税纳税申报表。

实训九　城镇土地使用税纳税人城镇土地使用税纳税申报模拟实训

（一）实训任务

根据以下实训资料，结合《纳税申报实务》模拟实训配套练习册，完成城镇土地使用税纳税人城镇土地使用税纳税申报实训，掌握城镇土地使用税纳税人城镇土地使用税纳税申报的基本方法和基本技能。

（二）实训资料

北京有研有限公司坐落于北京市海淀区上地路，其纳税人识别号为 110108124343657000，纳税人计算机代码为 06301236，开户行为中国建设银行上地支行，账号为 01091060100120105001085。该公司生产经营用地面积 12 000 平方米，其公司绿化占地 2 000 平方米，该土地为一级土地，城镇土地使用税的单位税额为每平方米 30 元。2012 年 6 月 1 日又受让面积 6 500 平方米的土地使用权，该土地为一级土地，城镇土地使用税的单位税额为每平方米 30 元。企业按年计算、按半年预缴城镇土地使用税。

（三）实训要求

计算填列北京有研有限公司 2012 年 7 月至 12 月份的城镇土地使用税纳税申报表。

实训十　房产税纳税人房产税纳税申报模拟实训

（一）实训任务

根据以下实训资料，结合《纳税申报实务》模拟实训配套练习册，完成房产税纳税人房产税纳税申报实训，掌握房产税纳税人房产税纳税申报的基本方法和基本技能。

（二）实训资料

北京采轩有限公司地处北京市东城区，纳税人识别号为 110101984563597，纳税人计算机代码为 06302689，开户行为中国建设银行前门支行，账号为 01091060100120105008039。2012 年度自有房产 9 套，其中 6 套房产用于经营生产，房产原值为 18 000 000 元，其中包括中央空调设备 300 000 元；3 套房产租给某公司作经营用房，年租金收入 300 000 元。已知该地区规定房产原值一次扣除比例为 30%。房产建筑面积 1 200 平方米。企业按年计算、按半年预缴房产税。

（三）实训要求

计算填列北京采轩有限公司 2012 年 7 月至 12 月份的房产税纳税申报表。

实训十一　车船税纳税人车船税纳税申报模拟实训

（一）实训任务

根据以下实训资料，结合《纳税申报实务》模拟实训配套练习册，完成车船税纳税人车船税纳税申报实训，掌握车船税纳税人车船税纳税申报的基本方法和基本技能。

（二）实训资料

上海远大运输有限公司的纳税人识别号为 310101235764883，纳税人计算机代码为 03302411，开户行为中国建设银行浦东支行，账号为 03091060100120105001122。2012 年拥有机动船 22 艘（其中净吨位为 180 吨的 12 艘、2 000 吨的 8 艘、5 000 吨的 2 艘），拥有载重量为 5 吨的非机动驳船 2 艘。车船税按年申报，分月计算，一次性缴纳。

（三）实训要求

计算填列上海远大运输有限公司 2012 年 1 月至 12 月份的车船税纳税申报表。

实训十二　印花税纳税人印花税纳税申报模拟实训

（一）实训任务

根据以下实训资料，结合《纳税申报实务》模拟实训配套练习册，完成印花税纳税人印花税纳税申报实训，掌握印花税纳税人印花税纳税申报的基本方法和基本技能。

（二）实训资料

北京易胜有限公司于 2012 年 12 月开业，纳税人识别号为 110105938075395，纳税人计算机代码为 06309988，开户行为中国建设银行上地支行，账号为 01091060100120105001031。其印花税汇总缴纳期限为 1 个月。该公司 12 月份发生如下交易或事项：领受工商营业执照正副本各一件，税务登记证国税、地税正副本各一件，房屋产权证一件，商标注册证一件，土地使用证一件；实收资本 2 000 000 元，除记载资金的账簿外，还建有 3 本其他账簿；签订借款合同一份，借款金额 5 000 000 元。

（三）实训要求

计算填列北京易胜有限公司 2012 年 12 月份的印花税纳税申报表。

实训十三　契税纳税人契税纳税申报模拟实训

（一）实训任务

根据以下实训资料，结合《纳税申报实务》模拟实训配套练习册，完成契税纳税人契税纳税申报实训，掌握契税纳税人契税纳税申报的基本方法和基本技能。

（二）实训资料

居民李鸿兴家住北京市海淀区西三旗小区，其身份证号码为 110108195809210111，于 2012 年 12 月 26 日从乙房地产开发公司购买一套 87 平方米砖混结构的两居室商品房，市场价格为 4 000 000 元，该房产地处北京市海淀区花园路 5 号。

（三）实训要求

计算填列李鸿兴 2012 年 12 月 26 日购买商品房的契税纳税申报表。

实训十四　居民纳税人企业所得税年度纳税申报模拟实训

(一)实训任务

根据以下实训资料,结合《纳税申报实务》模拟实训配套练习册,完成居民纳税人企业所得税纳税申报实训,掌握居民纳税人企业所得税年度纳税申报的基本方法和基本技能。

(二)实训资料

北京鸿轩有限公司为居民企业,属工业企业,拥有企业从业人数(全年平均人数)800人,资产总额(全年平均数)95 125 152元。其纳税人识别号为110108104781155,开户行为中国建设银行上地支行,账号为01091060100120105066234。其企业所得税为按年计算,分季预缴,纳税年度终了之日起5个月内汇算清缴。企业所得税税率为25%。经过分析研究会计资料,获知公司2012年1月1日至12月31日的相关信息资料如下:

(1)营业收入:销售货物收入21 133 211元,提供劳务收入153 222元,让渡资产使用权收入350 000元;材料销售收入838 333元,包装物出租收入62 125元;货物、财产、劳务视同销售收入433 220元;合计22 970 111元。

(2)营业成本:销售货物成本12 194 315元,提供劳务成本99 550元,让渡资产使用权成本210 000元;材料销售成本544 812元,包装物出租成本41 271元;货物、财产、劳务视同销售成本283 222元;合计13 373 170元。

(3)销售税金及附加712 980元。

(4)销售费用:销售人员职工薪酬722 832.18元,其中工资478 380元,按销售人员工资和规定的比例计提职工福利费9 567.6元,社会保险费155 951.88元,住房公积金57 405.6元,职工教育经费14 351.4元,职工工会经费7 175.7元;产品广告费1 830 000元;赞助费100 000元;合计2 652 832.18元。广告费和业务宣传费支出以前年度累计结转扣除额35 456.3元。

(5)管理费用:行政管理人员职工薪酬4 765 694元,其中工资3 154 000元,按行政管理人员工资和规定的比例计提职工福利费63 080元,社会保险费1 028 204元,住房公积金378 480元,职工教育经费94 620元,职工工会经费47 310元;业务招待费502 500元;误餐费102 522元;差旅费284 011元;交通费125 315元;管理用固定资产折旧费310 000元;商标权摊销额50 000元;未形成无形资产计入当期损益的新产品研究开发费用300 000元;合计6 440 042元。

(6)财务费用:年初向建设银行借款10 000 000元,用于生产经营,年利率为6%;年初向唐山钢铁有限公司借款1 000 000元,用于生产经营,年利率为10%;合计700 000元。

(7)资产减值损失:坏账损失59 315.5元;无形资产减值损失30 000元;合计89 315.5元。

(8)公允价值变动收益:交易性金融资产公允价值变动损失50 000元。

(9)投资收益:国债利息收入50 000元;长期股权投资境内投资收益200 000元,境外投资收益100 000元;合计350 000元。

(10)营业外收入:出售无形资产净收益18 310元,非货币性资产交易收益34 980元;合计53 290元。

(11)营业外支出:固定资产盘亏60 000元;处置固定资产净损失88 310元;缴纳税

收滞纳金 9 600 元；通过民政局向汶川灾后重建捐款 500 000 元；合计 657 910 元。

（12）交易性金融资产：期初金额为零，期末投资成本为 350 000 元，公允价值为 300 000 元。

（13）应收款项：期初应收账款余额 8 625 612 元，期初坏账准备账户余额 431 280.6 元；期末应收账款余额 9 611 922 元；本期实际发生坏账损失 30 000 元，本期收回已核销的坏账 20 000 元；本期增提坏账准备 59 315.5 元；期末坏账准备账户余额 480 596.1 元。本企业采用备抵法按应收款项借方余额百分比计提坏账准备，企业估计坏账比例为 5%。

（14）持有至到期投资：国债投资 600 000 元，取得国债利息收入 50 000 元。

（15）长期股权投资：对上海 A 居民企业直接投资 2 000 000 元，占被投资企业所有者权益的比例为 12%，从 A 企业分回税后利润 200 000 元，其所得税税率为 25%；对甲国 B 企业直接投资 1 000 000 元，占被投资企业所有者权益的比例为 2%，从 B 企业分回税后利润 100 000 元，其所得税税率为 20%。

（16）固定资产：厂房原值 4 500 000 元，办公楼原值 5 000 000 元，房屋建筑物采用直线法计提折旧，折旧年限 20 年，厂房当年折旧额 225 000 元，办公楼当年折旧额 250 000 元；生产用机器设备原值 5 600 000 元，机器设备采用直线法计提折旧，折旧年限 10 年，当年折旧额 560 000 元；汽车运输工具原值 600 000 元，运输工具采用直线法计提折旧，折旧年限 10 年，当年折旧额 60 000 元；电子设备原值 600 000 元，电子设备采用年数总和法计提折旧，折旧年限 5 年，当年折旧额 200 000 元。税法规定上述固定资产均采用直线法计提折旧。

（17）无形资产：专利权原值 1 500 000 元，商标权原值 500 000 元，上述无形资产采用直线法进行摊销，摊销年限 10 年，专利权当年摊销额 150 000 元，商标权当年摊销额 50 000 元，专利权计提无形资产减值准备 30 000 元；非专利技术为研究开发活动形成的无形资产，其原值 2 000 000 元，非专利技术采用直线法进行摊销，摊销年限为 10 年，非专利技术当年摊销额 200 000 元。税法规定上述无形资产均采用直线法进行摊销，研究开发形成的非专利技术按 150% 采用直线法进行摊销。

（18）资产减值准备：本期增提坏账准备 59 315.5 元；专利权计提无形资产减值准备 30 000 元；合计 89 315.5 元。

（19）职工薪酬：工资总额 12 844 312 元，按工资总额和规定的比例计提职工福利费 256 886.24 元，社会保险费 4 187 245.71 元，住房公积金 1 541 317.44 元，职工教育经费 385 329.36 元，职工工会经费 192 664.68 元；合计 19 407 755.43 元。

（20）2010 年发生亏损 608 110 元，2011 年已弥补亏损 253 956 元，以前年度未弥补的亏损 354 154 元。

（21）本年度累计已预缴企业所得税 301 255 元。

（三）实训要求

根据国家税务局对企业所得税征收管理的要求，年终汇算清缴企业所得税，计算填列北京鸿轩有限公司 2012 年度企业所得税年度纳税申报表及其附表。

实训十五　居民纳税人个人所得税自行纳税申报模拟实训

（一）实训任务

根据以下实训资料，结合《纳税申报实务》模拟实训配套练习册，完成居民纳税人个人所得税自行纳税申报实训，掌握居民纳税人个人所得税自行纳税申报的基本方法和基本技能。

（二）实训资料

中国居民李凡在北京华艺有限公司任职，其职务为部门经理，职业为主任工程师，其身份证号码为 110102195810057610，开户银行为中国工商银行上地支行，账号为 1080106191112，通讯地址为北京市锦西园小区 5501 号，邮政编码为 100053。李凡 2012 年度取得收入如下：

（1）每月取得工资收入 9 000 元，单位扣缴其社会保险费 918 元、住房公积金 1 080 元。

（2）单位为其每月缴纳商业医疗保险费 800 元。

（3）年终取得一次性奖金 20 000 元。

（4）给出版社审稿取得审稿费 8 000 元。

（5）2012 年 5 月出版了一部著作，一次取得稿酬收入 15 000 元，又于 2012 年 6 月至 2012 年 12 月在报上连载，每次收到稿酬 1 000 元。

（6）分得现金股利 20 000 元。

（7）本年 5 月份将市区内闲置的一处住房出租给他人居住，租期 1 年，每月租金 6 000 元，营业税税率为 3% 减半，城市维护建设税税率为 7%，教育费附加征收比率为 3%，房产税税率为 4%，个人所得税税率为 10%。

（三）实训要求

计算填列李凡 2012 年度的个人所得税纳税申报表。

实训十六　居民纳税人个人所得税代扣代缴纳税申报模拟实训

（一）实训任务

根据以下实训资料，结合《纳税申报实务》模拟实训配套练习册，完成居民纳税人个人所得税代扣代缴纳税申报实训，掌握居民纳税人个人所得税代扣代缴纳税申报的基本方法和基本技能。

（二）实训资料

北京宏图咨询有限公司地处北京海淀区月华小区 6 号院，其扣缴义务人编码为 110108868685711000，计算机代码为 06185002，开户行为中国建设银行上地支行，账号为 010910601001201121260。该公司 2012 年 12 月份支付人工费用如下：

（1）支付徐珊工资 10 000 元并扣缴其社会保险费 1 020 元、住房公积金 1 200 元。徐珊的身份证号码为 110102196809083712。

（2）支付冯刚工资 4 800 元并为其缴纳社会保险费 490 元、住房公积金 576 元。冯刚的身份证号码为 110102197010083532。

（3）支付孙燕咨询费 5 000 元。孙燕的身份证号码为 110102196809083612。

（4）因采纳赵茜某项设计方案支付费用 10 000 元。赵茜的身份证号码为 110109196906130912。

（三）实训要求

计算填列北京宏图咨询有限公司 2012 年 12 月份的扣缴个人所得税报告表。

三、实训的步骤和要求

（一）实训参考进度

《纳税申报实务》实训指导要求课时为 24 学时，也可根据学校实际情况酌情增减。

（1）实训一　增值税一般纳税人增值税纳税申报模拟实训，约 5 学时。

（2）实训二　增值税小规模纳税人增值税纳税申报模拟实训，约 1 学时。

（3）实训三　消费税纳税人消费税纳税申报模拟实训，约 1 学时。

（4）实训四　营业税纳税人营业税纳税申报模拟实训，约 1 学时。

（5）实训五　城市维护建设税纳税人城市维护建设税纳税申报模拟实训，约 1 学时。

（6）实训六　海关征收进口关税以及代征进口环节增值税和消费税模拟实训，约 1 学时。

（7）实训七　资源税纳税人资源税纳税申报模拟实训，约 0.5 学时。

（8）实训八　土地增值税纳税人土地增值税纳税申报模拟实训，约 1 学时。

（9）实训九　城镇土地使用税纳税人城镇土地使用税纳税申报模拟实训，约 0.2 学时。

（10）实训十　房产税纳税人房产税纳税申报模拟实训，约 0.3 学时。

（11）实训十一　车船税纳税人车船税纳税申报模拟实训，约 0.3 学时。

（12）实训十二　印花税纳税人印花税纳税申报模拟实训，约 0.5 学时。

（13）实训十三　契税纳税人契税纳税申报模拟实训，约 0.2 学时。

（14）实训十四　居民纳税人企业所得税年度纳税申报模拟实训，约 8 学时。

（15）实训十五　居民纳税人个人所得税自行纳税申报模拟实训，约 2 学时。

（16）实训十六　居民纳税人个人所得税代扣代缴纳税申报模拟实训，约 1 学时。

（二）选择实训资料

本章"二、实训的任务和内容"中的 16 个模拟实训资料可供选择，每位同学根据学校实训课时以及实训要求进行选择，分为必选和自选两部分。

1. 必选部分

每位同学必选实训一、实训三、实训十四、实训十五、实训十六。

2. 自选部分

每位同学根据学校实训课时以及实训要求自选其他实训资料。

（三）实训步骤

（1）指导教师根据学校实训课时以及实训要求指导学生选择实训资料。

（2）指导教师根据学生所选实训资料，逐一结合每种税的纳税申报实务案例，讲解每一种税应纳税额的计算以及有关纳税申报表格的填列。

（3）学生结合所学案例，根据纳税申报表及附表的填表说明，逐一完成所选实训资料的纳税申报模拟实训。

（4）学生每完成一个纳税申报模拟实训后，指导教师逐一检查学生完成的《纳税申报实务》模拟实训配套练习册，并据此提问学生 1 至 3 个问题，针对学生共性的问题及时讲解，个别问题个别指导，直至学生能够掌握进行该税种纳税申报的基本方法和基本技能。

（5）指导教师根据学生完成实训和回答问题情况给出实训成绩，作为评定总评成绩时"模拟实训配套练习册评定成绩"的依据。

（四）实训要求

（1）要求学生在《纳税申报实务》模拟实训配套练习册上，清楚完整地表达每一个纳税申报实训的计算过程及步骤。

（2）要求学生填列各税种纳税申报表格时，内容完整、数字准确、书写工整。

（3）要求学生有问题及时主动请教指导老师，随时接受老师的指导和检查。

四、与实训有关的专业知识

本门课程的先修课程是《税法》，后修课程是《税务会计》、《税收筹划》等。通过本门课程的学习，一方面将《税法》所学的税收理论、特别是各税种应纳税额的计算原理和方法，通过真实的纳税申报表和模拟实训资料仿真实训，以巩固和夯实税法的基本原理和方法；另一方面也为《税务会计》、《税收筹划》等后续课程学习打下坚实基础。

与实训有关的专业知识有全国人民代表大会和全国人民代表大会常务委员会制定的《企业所得税法》、《个人所得税法》、《税收征收管理法》，全国人大或人大常委会授权国务院制定的增值税、营业税、消费税、资源税、土地增值税等暂行条例，国务院制定的税收行政法规，国务院税务主管部门制定的税收部门规章，地方人民代表大会及其常委会制定的税收地方性法规，以及地方政府制定的税收地方规章等法律、法规及相关规范性文件。

五、思考题

（1）增值税一般纳税人增值税纳税申报实训过程中应注意哪些问题？

（2）增值税小规模纳税人增值税纳税申报实训过程中应注意哪些问题？

（3）消费税纳税人消费税纳税申报实训过程中应注意哪些问题？

（4）营业税纳税人营业税纳税申报实训过程中应注意哪些问题？

（5）城市维护建设税纳税人城市维护建设税和教育费附加纳税申报实训过程中应注意哪些问题？

（6）海关征收进口关税以及代征进口环节增值税和消费税过程中应注意哪些问题？

（7）资源税纳税人资源税纳税申报实训过程中应注意哪些问题？

（8）土地增值税纳税人土地增值税纳税申报实训过程中应注意哪些问题？

（9）城镇土地使用税纳税人城镇土地使用税纳税申报实训过程中应注意哪些问题？

（10）房产税纳税人房产税纳税申报实训过程中应注意哪些问题？

（11）车船税纳税人车船税纳税申报实训过程中应注意哪些问题？

（12）印花税纳税人印花税纳税申报实训过程中应注意哪些问题？

（13）契税纳税人契税纳税申报实训过程中应注意哪些问题？

（14）居民纳税人企业所得税年度纳税申报实训过程中应注意哪些问题？

（15）居民纳税人个人所得税自行纳税申报实训过程中应注意哪些问题？

（16）居民纳税人个人所得税代扣代缴纳税申报实训过程中应注意哪些问题？

（17）通过纳税申报模拟实训，有哪些收获？

（18）对纳税申报模拟实训有哪些意见、建议和要求？

六、参考资料

建议教材：裴淑红、李军、杨金玉，《纳税申报实务》，中国市场出版社，2013。

建议教材参考书：

（1）裴淑红、原晓青、李军，《税法》，中国市场出版社，2013。

（2）中国注册会计师协会编《税法》，经济科学出版社，2013。

七、考核方式

纳税申报实务为考查课程，通过监督考勤、平时提问和审核模拟实训配套练习册的方式进行考核。

纳税申报实务，总评成绩按百分制评定，成绩评定方法为：

总评成绩＝出勤和平时提问成绩×40％＋模拟实训配套练习册评定成绩×60％

八、实训所需耗材

每位同学一本《纳税申报实务》模拟实训配套练习册。

参考文献

[1] 全国人民代表大会和全国人民代表大会常务委员会制定的《企业所得税法》、《个人所得税法》、《税收征收管理法》，全国人大或人大常委会授权国务院制定的增值税、营业税、消费税、资源税、土地增值税等暂行条例，国务院制定的税收行政法规，国务院税务主管部门制定的税收部门规章，地方人民代表大会及其常委会制定的税收地方性法规，以及地方政府制定的税收地方规章等法律、法规及相关规范性文件。

[2] 中国注册会计师协会. 税法［M］. 北京：经济科学出版社，2013.

[3] 全国注册税务师执业资格考试教材编写组. 税法（Ⅰ）［M］. 北京：中国税务出版社，2013.

[4] 全国注册税务师执业资格考试教材编写组. 税法（Ⅱ）［M］. 北京：中国税务出版社，2013.

[5] 全国注册税务师执业资格考试教材编写组. 税务代理实务［M］. 北京：中国税务出版社，2013.

[6] 裴淑红，原晓青，李军. 税法［M］. 北京：中国市场出版社，2013.

[7] 裴淑红，李军. 纳税申报实务［M］. 北京：化学工业出版社，2010.

[8] 裴淑红. 纳税申报实务操作［M］. 北京：中国市场出版社，2006.

[9] 裴淑红，张兰. 财务会计综合实训（第二版）［M］. 北京：中国市场出版社，2013.

[10] 裴淑红. 高级财务会计（第二版）［M］. 北京：中国市场出版社，2013.